몽골의 비는
좋은 인연을 데리고 온다

별과 사막 그리고
함께했던 사람들

몽골의 비는
좋은 인연을 데리고 온다

전은수 지음

바이북스
ByBooks

또다시 떠나는 길입니다

———————

알아들을 수 없는 승무원의 방송 소리, 여기저기서 들려오는 사람들의 웅성거림. 익숙하면서도 낯선 의자에 몸을 파묻었다.

"Ladies and Gentlemen. Welcome to Mongolian Airlines⋯."

나는 지금, 또다시 떠나려 하는 중이다.

팔목엔 아대를 감고, 장롱에서 꺼낸 무거운 배낭을 짊어진 채 다시 비행기에 올랐다. 악명이 자자한 몽골 항공답게 출발 시각은 이미 지난지 오래. 언제쯤 날아오를 수 있을지를 조심스레 가늠하며 한참 동안이나 새벽의 인천공항을 바라보고 있었다.

한번 떠나보니 떠나지 않고는 못 배기겠다. 아무리 피곤하더라도, 혹은 짐이 무겁더라도 그냥 여행을 통해 자유로움을 느낀다. 홀가분하기도 하고 편안한 이 기분.

공항으로 향하는 발걸음은 늘 가볍고 설렌다. 앞으로도 늘 이런 인생을 살아가길. 떠날 수 있고 다시 돌아올 수 있는 삶. 얼마나 행복할까, 얼마나 멋진 풍경을 바라보게 될까, 나는 내 앞에 펼쳐질 모든 것들

앞에서 어떤 생각을 할까. 벌써부터 모든 것들이 설렌다.

새벽 3시가 넘어서야 비행기는 인천을 떠났다.

비행기가 날아오르기 위해 달리는 순간이 좋다. 떠날 것을 예고하듯 잔뜩 붙은 가속도와 온몸으로 느껴지는 속력, 그리고 바퀴가 땅에서 떨어지는 느낌까지. 몸을 누르던 관성이 약해지고 바닥을 구르던 바퀴의 느낌도 사라진다. 아래로 보이는 도시의 모습과 점점 작아지는 도시의 불빛. 구름에 가려져 보이지 않던 별들이 총총히 빛나는 모습에 내가 드디어 떠나고 있음을 실감하게 된다.

지독하게 피곤하지만 그래도 기대된다. 잔뜩 흩뿌려진 몽골의 별과 사막, 내가 담아 올 몽골의 모든 것들이.

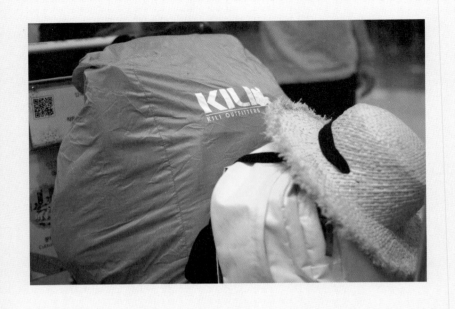

한번 떠나보니 떠나지 않고는 못 배기겠다.
아무리 피곤하더라도, 혹은 짐이 무겁더라도 그냥 여행을 통해
자유로움을 느낀다. 홀가분하기도 하고 편안한 이 기분.

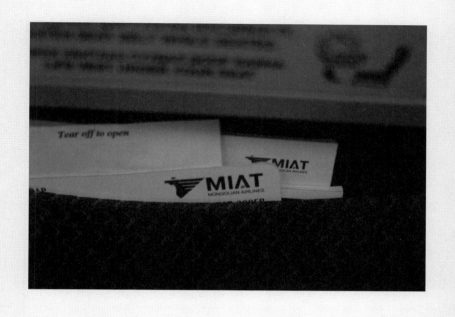

"Ladies and Gentlemen. Welcome to Mongolian Airlines···."
나는 지금, 또다시 떠나려 하는 중이다.

7

몽골에게 작별 인사하기

몽골의 비는 좋은 인연을 데리고
온다는 말이 있다고 한다.
우리의 몽골 여행은 늘 비와 함께였으므로,
이들과의 만남 또한 몽골의
비가 가져온 좋은 인연임이 분명했다.

1.
길을 떠나
좋은 인연을 만나다

패키지여행은
여행이 아니라고요?

　누구나 다 하는 여행, 남들이 다 가는 여행지, 패키지여행 하면 떠오르는 이미지들. 누군가가 패키지여행은 '흔한' 여행이기 때문에 여행이 아니라고 했다. 패키지여행은 유명한 곳만을 골라서 다니는 여행이기 때문에 재미가 없을 것이라고 했고, 많은 사람이 모여 정해진 일정을 우르르 몰려다니니 느끼는 점도 없을 것이라 했다.

　나는 장기 여행이 좋았고, 자유 여행은 더 좋았다. 다른 이유가 있어서라기보다는 내가 너무 게으른 탓이었다. 늘어지게 잠을 자다가 슬그머니 기어 나와 오후의 햇살을 만끽하는 것을 좋아했고, 돌아다니다가 피곤하면 곧장 숙소로 들어와 기분 좋은 낮잠을 즐기는 것 또한 굉장히 좋아했다.

　그러나 그렇다고 해서 내가 패키지여행이었던 몽골 여행을 싫어했느냐 하면 그것은 아니었다는 것이다. 당시의 내겐 자유 여행을 할 금전적 여유도, 시간적 여유도 없었다. 무턱대고 떠나기엔 몽골에 대해 아는 것이 없었고 혼자서 여행을 할 만큼의 용기도 없었다. 그래서 나는 여행사에서 일정을 짜주는 패키지여행을 선택했다.

그래서 내 여행은 행복하지 않았나? 즐겁지 않고, 피곤하기만 했던가?

참 신기하게도 나는 그 어떤 여행지를 거닐던 때보다 많이 웃었다. 사람들과 어울리는 것을 어려워하던 내가 처음 보는 외국인들과 이야기를 나누며 신나게 웃었고, 아플 땐 옆에 있어 줄 사람들이 있었다. 혼자 끙끙 앓던 자유 여행 때와는 달리 멀미로 질려가는 내 상태를 가장 먼저 파악하고 이런저런 약에 베개까지 건네던 사람들이 내 일행들이었다. 다쳤을 땐 곧장 파스와 연고를 꺼내 빌려주고, 가진 것들을 서로 나누면서도 크게 아까운 줄 몰랐다.

정해진 일정대로 돌아다녔다. 오전 여덟 시면 기상해서 다 같이 아침을 먹었고, 길 가다 차를 세워 또 다 같이 같은 메뉴의 점심 식사를 했다. 모두 같은 곳으로 가서 같은 풍경을 보았으며 일정이 끝나고 난 후에도 우리는 같은 숙소에 머물렀다. 불편했다. 신경 쓰이는 일들도 많았다. 그러나 적어도 사람 냄새는 물씬 나는 여행이었다.

외로울 틈이 없었다. 심심할 틈도 없었고, 종종 때가 되면 늘어놓았던 각자의 여행담이나 연애담 같은 것들이 우리의 사이를 조금 더 돈독하게 했다. 여행을 좋아하는 사람들이 모여 몇몇 사람들이 무시하던 '패키지여행'을 즐겼다.

남들이 다 가는 여행지라도 내겐 처음 가는 여행지였고, 남들이 다 하는 여행이라도 내겐 처음 하는 여행이었다. 몽골에 다른 숨겨진 곳들이 너무나도 아름답고, 천천히 즐겼을 때 그 아름다움을 더 잘 느낄 수 있다 하더라도 나는 내 여행이 싫지 않았다.

어떤 형태의 여행을 하는지가 중요한 게 아니라, 어떻게 여행을 즐겼는지가 중요한 게 아닐까. 남들이 다 가는 흔한 여행이라 하더라도 그 시간동안 우리만 즐겁고 행복했다면 충분히 좋은 '여행'이라 부를 수 있는 것 아닐까.

지금 내 앞에 펼쳐진 모든 것들에 갑갑함을 느낄 때 나는 여행을 떠난다. 그렇게 벗어나고 싶어서 선택한 여행에서조차 진짜와 가짜를 가려내고 싶지는 않았다. 나는 내 여행에서 즐겁고 행복했다. 설령 누군가가 내게 제대로 본 것이 하나도 없다며 지적하더라도, 나는 오로지 그렇게 즐길 수 있었던 것만으로도 충분했다.

지금 내 앞에 펼쳐진 모든 걸들에
갑갑함을 느낄 때 나는 여행을 떠난다.
그렇게 벗어나고 싶어서 선택한 여행에서조차
진짜와 가짜를 가려내고 싶지는 않았다.

같은 것을 보고
같은 것을 준비하다

"어, 이거 제가 쓴 것 같은데요?"

많은 대화를 나누지 못해 어색함이 감돌던 우리 사이의 정적은, 누군가가 한국에서 준비해온 '몽골 여행 준비물' 목록을 꺼내들며 깨지게 되었다.

A4 한 장 정도의 종이 쪼가리였지만 안에 담긴 내용이 심상치 않았기에 우리는 한참을 호들갑을 떨었다. 아니, 심상치 않았다고 하기보다는 왠지 그 표의 내용이 어디서 많이 본 것이라는 생각이 들었던 탓이다.

나는 여행을 좋아했고, 여행을 좋아하는 만큼 기록을 남기기 위해 블로그를 사용했다. 찾는 사람은 많지 않았지만 찾아오던 사람들은 계속 찾아오는 곳이었기에 기록을 남기며 소통하는 것도 꽤나 재미있었다.

몽골 여행을 준비하며 나름대로 한 조사를 바탕으로 몽골 여행 준비물을 작성한 적이 있었다. 그렇게 작성한 것을 공유라도 할까 해서 그 소박한 블로그 한 페이지에 그것보다도 더 소박한 표를 업데이트해두었었는데, 하필 일행이 참고했다던 블로그가 나의 블로그였던 것이다.

우리는 결국 같은 것을 보고, 같은 것을 준비해 이렇게 같은 장소에 이르게 되었던 것이었다.

나는 놀라움을 표시하며 내가 준비해 온 여행 파일을 꺼내 들었다. 사실 별것도 아닌 일이었고, 우리가 출발하던 그 시기엔 몽골 여행에 대한 정보가 그리 많지 않았기 때문에 어쩌면 그렇게 놀라울 만한 일도 아니었을 테지만 우리는 똑같은 준비물이 적힌 준비물 목록을 보며 한참을 신기해했다.

어찌 보면 우리 모두는 참 신기한 인연을 가지게 된 것이 아닌가. 이름도, 나이도 제대로 아는 것이 없었지만 쪽지 한 통만으로 동행을 약속한 사람들, 얼굴 한 번을 본 적 없지만 블로그를 통해 오기 전 옷깃을 스치는 정도의 인연 정도는 되었던 사람들, 그리고 한동안 제대로 연락을 하지도 못했으면서 지금 이곳에서 함께 만나 여행을 하는 나와 친구.

"어, 이거 제가 쓴 것 같은데요"

길을 떠나 좋은 인연을 만나다

언제 어떻게 될지 모르는 것이 사람의 인연이라지만 만나게 될 인연은 제대로 관계를 맺기 이전부터 어떻게든 연결되어 있는 것도 맞는 이야기일 듯하다. 그렇게 돌고 돌아, 아주 사소한 우연과 그것보다도 더 사소한 연결 고리가 겹쳐 오늘날 비로소 우리가 만나게 되었으니 우리의 몽골 여행도 아주 즐겁게 완성되리라는 이유 모를 확신이 들었다.

여행을 즐기는 방법

대학에서 천문학을 공부하고 있다. 생소한 학과, 생소한 전공이지만 나는 천문학이라는 학문을 꽤 좋아하는 편이었고 대학에 들어가기 전까지만 해도 언젠가 천문학 연구원이 될 것이라고 확신하곤 했다. 그때까지만 해도 내가 가진 단 하나뿐인 취미는 '하늘을 바라보는 것'이었다.

그 확신이 깨진 것은 대학에 들어와 본격적인 전공 공부를 시작한 이후였다. 세상엔 정말 천재라고 부를 만한 사람이 많다는 것도, 천재까진 아니더라도 영재 정도의 사람들이 꽤나 많다는 것도 대학에 와서 느꼈으며 그런 것들을 볼수록 학업에 적응하지 못하는 내 모습이 놀랍도록 초라해졌다.

잘하는 것도 물론 있었다. 나는 전공 시간에 배웠던 프로그래밍을 좋아했으며 잘하는 편이었고, 이론을 이해하는 것도 그나마 꽤 잘하는 편이었다. 그러나 많은 전공 중 '몇 개'를 '꽤 잘한다'고 해서 모든 전공 공부를 잘하게 되는 것은 아니었다. 그렇게 점점 흥미를 잃어갔고 하늘을 관측하는 횟수도 덩달아 점점 줄어들었다.

그런데 몽골을 생각하면 별이 떠올랐다. 넓은 사막과 초원도 물론 떠올랐지만 그 모든 것을 상상함에 있어 그 위를 뒤덮은 별천지의 하늘을 함께 상상하지 않을 수가 없었다. 별이 빼곡한 몽골의 밤하늘을 상상하며, 어쨌든 나는 여전히 밤하늘을 좋아한다는 사실을 깨달았던 듯하다.

몽골 여행을 준비하며 몽골의 밤하늘을 조사했다. 별자리 프로그램을 깔고 내가 여행을 가는 날, 어떤 밤하늘을 볼 수 있을지를 상상했다. 그렇게 조사하며 아쉽게도 별빛이 가득하다기보단 달이 밝은 몽골의 하늘을 맞이하게 될 것임을 깨달았지만, 어쩌면 여행의 막바지 즈음엔 잠시라도 은하수가 흐르는 몽골의 밤하늘을 즐길 수 있으리란 기대도 피워 올렸다.

다른 여행지들을 갈 땐 굳이 따로 조사를 한 적이 없었다. 밤하늘을 기대하기엔 도시의 불빛이 너무 밝은 곳들을 여행했었고, 밤에 혼자 나다니기에 위험한 곳들이었기에 더더욱 그랬다. 그냥 잠시 창밖을 내다보다가 문득 올려다 본 하늘에 익숙한 별이 빛나고 있을 때 '아, 벌써 계절이 이렇게 변했나' 하는 것들을 실감하는, 딱 그 정도의 의미를 가진 것이 내 여행에서의 밤하늘이었다.

그러나 몽골은 달랐다. 밤에 바깥에 나가 있어도 그리 위험하지 않으며, 내겐 나 외에도 함께하는 일행들이 있었고 도시의 불빛은커녕 정해진 시각이 되면 게르 내의 불들마저도 모조리 소등해버리는, 어찌 보면 별들을 위한 나라 같았던 몽골.

여행을 가기 전 오랫동안 묵혀두었던 별 지시기를 배낭에 소중히 집어넣었다. 그렇게 몽골에 내리고, 구름이 물러간 밤이 찾아올 때마다 우리는 하늘을 보며 별을 세었다. 떨어지는 유성에 소리치다가 그 모든 것이 잠잠해지면 가져온 별 지시기로 하늘을 가만히 짚어보았고, 한번은 은하수가 어느 방향으로 흘러가는지를 두고 아이스크림 내기를 하기도 했었다.

나는 원 없이 하늘을 보았다. 자주는 아니라도 내가 하늘을 올려다볼 때면 일행들도 모두 나와 함께 하늘을 바라보았고 카메라를 꺼내 세팅하면 이내 주변에 카메라를 든 일행들이 옹기종기 모여들었다.

여행을 즐기는 방법은 생각보다 다양해서, 나는 이 여행에서 아주 오래 함께해 희미해졌던 나의 취미마저도 다시 사랑하게 되었다. 별이 반짝이고 별을 함께 볼 사람들로 가득했던 그날의 몽골이 그립다.

별이 반짝이고 별을 함께 볼 사람들로 가득했던
그날의 몽골이 그립다.

몽골의 비는
좋은 인연을 데리고 온다

"이 줄, 몽골행 비행기 체크인 줄 맞나요?"

인천공항을 헤매다가 내 앞에 서 있는 사람에게 문득 그런 질문을 했다. 손에 든 빨간 우산이 인상적인 사람이었다. 그냥 그렇게 아주 잠깐 이야기를 나누었고 그의 애인인 듯한 남자가 합류하는 것을 끝으로 대화는 실없이 끊어졌다.

고작 그것뿐이었다면 거기에서 끝날 인연이었을 것이다. 인천공항 어딘가에서 빨간 우산을 든 커플을 본 적 있었지, 정도로만 떠올렸을 인연. 어쩌면 이런 대화를 했다는 사실조차도 잊었을 법한 아주 사소한 만남.

체크인을 한 후 탑승구로 이동했다. 같은 비행기를 타는 사람들이었기에 탑승구에서 그들을 만난 것은 그리 특별하지도, 신기하지도 않았다. 내 앞자리에 앉아 사진을 찍고 장난을 치는 모습에 '서로를 참 좋아하나 보다' 하고 다시 관심을 끊었다. 같은 비행기에 타는 사람들이 한둘이 아님에도 불구하고 저 사람들은 유독 눈에 자주 띈다는 생각만을 가진 채였다.

다시 비행기에 올라타 기나긴 출발 지연에 시달리며 그들을 보았다는 사실을 잊었다. 늦은 새벽, 비행기가 날아올랐고 얼마간의 시간이 지나 몽골에 도착했다. 짐을 찾는 곳에서도 그들은 단연 눈에 띄어서, 나는 또다시 그 사람들을 인지하고야 말았다. 정말 징하게도 마주치네, 이런 것도 인연이라고 볼 수 있나. 혼자 속으로 웃으며 마침 나온 내 배낭을 짊어지고 밖으로 나갔다.

만나야 할 사람들이 있었다. 이전에 예약해 둔 여행사의 사람들이었다. 픽업을 위해 그들은 이 새벽 나절에 공항까지 나와 자신들이 태워야 할 사람들을 애타게 찾고 있을 것이었다. 번듯한 대기 공간조차 없어 시장통처럼 북적이는 공항 안에서 나는 내 여행사의 이름을 적은 종이를 찾아 이리저리 헤맸다.

그러다가 여행사 사람들을 찾았고, 그들은 나에게 잠시 기다리라고 하더니 다른 사람들을 데리고 왔다. 빨간 우산을 들고 있던 그 커플이었다. 그때야 정말 인연일 수도 있겠구나, 하고 생각했던 듯하다.

서늘한 몽골의 새벽 공기를 느끼며 아무런 대화도 없이 자동차가 있는 곳까지 이동했으나 차 안에서만큼은 대화를 하지 않을 수가 없었다.

"저희 아까 공항에서도 봤죠?"

"네. 여행 오셨나 봐요."

"네, 어디로 가세요?"

"고비 쪽이요. 9박 10일 예정이에요."

"아, 저희는⋯."

그런 대화들을 나누었던 듯하다. 그렇다 하더라도 굉장히 서먹했던 터라 대화는 이어지다 끊어지고, 끊어지다 다시 이어졌다. 한참을 그렇게 침묵과 대화가 반복될 무렵 우리는 나머지 일행이 기다리고 있는 게스트 하우스에 도착했다. 즐거운 여행을 하라며 마지막 인사를 건넸다.

신기한 인연이다, 하고 돌아섰다. 준비를 할 게 많았다. 그렇게 정신없이 뭔가를 준비하고 차에 올라타 다른 일행들과 인사를 나눴다. 그리고는 계속 이동이었다. 이어지는 일정에 나는 자연스럽게 그들과의 만남을 잊어갔다.

"어?"

"안녕하세요!"

그리고 우리는 첫 번째 목적지에서 다시 만났다.

"우리랑 같은 코스래요. 첫날부터 마지막 날까지, 가야 할 코스와 숙소가 똑같아요."

"그럼 그냥 같이 다닐까요? 차량과 숙소만 따로 쓰고, 나머지는 그냥 같이하는 거 어때요?"

"좋죠!"

만날 인연은 어떻게든 만나게 되어 있다는 이야기를 나는 이곳에서 실감했다. 인천에서, 탑승구에서, 몽골의 공항에서, 같은 게스트 하우스에서. 네 차례나 만나놓고서도 일회성 인연일 것임에 틀림없다고 생각해왔으나 그 모든 것들이 지금의 이 순간을 위한 예고편이었음을 그때야 어렴풋이 깨달았던 것이다.

우리는 함께 여행을 시작했다. 셀프 웨딩촬영을 위해 왔다는 그들의 사진을 찍어주고, 내 사진을 부탁했다. 서로 사진을 찍어주고 끼니 때마다 함께 모여 식사를 했다. 노래를 틀어놓고 춤을 추고, 가끔은 노래 없이도 춤을 췄다. 그러다가 종종 진지한 이야기를 나누고 서로의 이야기를 들었다.

그렇게 이어진 인연이었다. 한국에 돌아와선 아주 가끔 연락을 하고, 그것보다는 더 자주 SNS를 통해 서로의 소식을 확인하곤 했다. 그때의 좋은 추억들을 되새기는 것보다 눈앞에 다가온 각자의 삶이 더 중요했던 탓이다. 우리의 여행에 늘 함께했던 그들의 빨간 우산이 이따금씩 떠오를 때면 '그 사람들은 잘 지내고 있나', 하고 궁금해하는 것이 전부였다.

그러다가 두 사람의 결혼 소식을 들었다. 왠지 둘의 결혼식만은 꼭 가보고 싶다는 생각을 했던 터라 주섬주섬 채비를 해서 서울로 올라갔다. 이리 돌고 저리 돌아 결혼식장이었다. 식장 여기저기에 우리의 추억이 있었다. 7개월이 지나 다시 만난 우리는 눈을 커다랗게 뜨고 손을 파닥대며 반가움을 표시했다.

결혼식 내내 그들은 행복해 보였고, 종종 틀어주는 영상에 내가 기억하던 모습들이 보여 반가웠다. 그간의 회포를 풀 수 있는 자리는 아니었던 탓에 우리는 훗날을 기약하며 헤어졌다. 결혼식에 사용되었던 꽃을 한 아름 받아들고 집으로 내려오는 길, 어쩌면 이들과는 굉장히 드문드문. 그러나 오래 볼 수 있을 것이라는 작은 확신이 들었다.

좋은 인연은 어떻게든 이어지기 마련이다. 몇 번을 스쳐 보내고서야 인연임을 눈치챘던 우리가 비로소 서로에게 좋은 사람으로 기억되었음을 확신하던 날, 나는 아주 기분이 좋았다. 만날 때마다, 대화할 때마다 기분 좋아지는 좋은 지인을 갖게 되었다는 것이 그 어떤 것보다 나를 든든하게 했다.

몽골의 비는 좋은 인연을 데리고 온다는 말이 있다고 한다. 우리의 몽골 여행은 늘 비와 함께였으므로, 이들과의 만남 또한 몽골의 비가 가져온 좋은 인연임이 분명했다.

"우리랑 같은 코스래요.
첫날부터 마지막 날까지,
가야 할 코스와 숙소가 똑같아요."

몽골에서 쓰는 편지 1

비는 좋은 인연을 데리고 온다는 말이 있대요. 몽골은 물이 귀해서, 비와 함께 온 손님은 귀한 손님이라는 말.

그러니까 여행 첫날 비 오는 몽골에서 만나 일정을 시작한 우리도 서로에게 참 귀한 인연으로 기억되었기를. 여행지에서 오며 가며 잠깐 스친 인연으로 남을 수도 있겠지만, 함께하는 순간만큼은 그 인연에 충실하며 지냈기를.

9박 10일. 길다면 길고 짧다면 짧은 기간 동안 머리 위에 자석이라도 붙여놓은 듯 비구름이 졸졸 따라왔지만 그래도 저 말 덕분에 우리 참 즐거웠어요. 멀리서 다가오는 비구름을 보며 오늘도 별을 보긴 글렀다고 한숨 쉬다가도 옹기종기 모여 앉아 수다를 떨고 뜨거운 차를 마시던 시간들.

그러니까 말하자면, 비가 내리고, 몽골을 달리며 자주 듣던 음악이 온 사방에 흐를 때면 우리가 이곳에서 맺은 인연을 떠올려 달라는 말이에요. 모든 것을 잊고 바쁜 생활 속에 던져져 살아가다가도 문득, 비 오는 날 어떤 풍경을 떠올린다면 그게 바로 우리가 함께한 추억이기를.

게르에 떨어지는 빗소리를, 쏟아진 우박에 폭포로 가다 말고 부리나케 도망치던 우리들을, 눈앞으로 치던 천둥 번개와 침대 위로 떨어지던 빗

방울을, 그래서 다른 게르로 피신하면서도 짜증보다는 어이없음에 헛웃음을 흘려대던 그날들을 기억해요. 전화도, 문자도, SNS도 안 되는 늦은 밤, 헤드 랜턴에 의지해 책을 읽고 일기를 쓰던 여유로움을 떠올려요.

그래서 결국 그 모든 기억이 이어져 마침내 우리가 함께 썼던 빨간 우산이 떠오를 때면 연락 한 통 넣어주길.

잘 살고 있느냐고. 잔뜩 흔들리고 어지러워도 마음만큼은 여유로웠던 그날을 기억하냐고.

태어나서 한 번도 본 적 없었던
광활한 풍경에 할 말을 잊게 되는 것.
그리고 그렇게 넓은 것들은
카메라에 담기도 쉽지 않았다.

2.
바위들의 향연,
바가 가즈링 출루

바가 가즈링 출루,
첫 여행의 시작

도착하자마자 쉴 시간은커녕 출발 준비를 하느라 정신이 없었다. 게스트 하우스 침대에 누워 잠깐 눈을 붙이긴 했으나 오히려 더 피곤해지기만 했고, 그러다가 결국 출발할 시간이 다가와 짐을 꾸려 밖으로 나섰다.

우리 일행은 이때쯤 서로의 얼굴을 제대로 확인했다. 일행은 총 네 명, 가이드와 기사 아저씨까지 모두 여섯 명이었다. 어색한 분위기가 공간을 채우다 못해 여러 사람에게로 번져갈 때쯤 적당히 통성명을 하고 대기하고 있던 푸르공에 재빠르게 탑승했다.

다른 것보단 예쁜 것 하나만 보고 선택한 이동 수단이었던지라 승차감에 대한 큰 기대가 없었는데 일정이 다 끝난 이후에 생각해보니 꽤 좋은 선택이 아니었나 싶다. 에어컨이 없는 게 단점이라고 하지만 에어컨은 전혀 틀 필요가 없었던 우리의 몽골. 즐거운 여행이 될 것 같다는 생각이 들었다.

한국의 도로보다 매끄럽진 않지만 그래도 시원하게 쫙 뻗어있던 포장도로를 달리다 늦은 오후 비포장도로에 접어들었다. 지금까지의 흔들림은 장난이었다는 듯, 엉덩이가 시트에 붙어 있을 틈을 주지 않는 도로 덕분에 졸음 같은 건 이미 저 멀리 떠나간 지 오래. 그럼에도 불구하고 그 상황이 재미있었던 것은 아마, 처음 겪는 일이기 때문이겠지.

비포장도로로 접어드니 더 이상 표지판 비슷한 것조차 보이지 않았다. 그냥 내가 가는 그곳이 길일뿐. 이런 곳을 헤매지도 않고 쓱쓱 찾아서 움직이시는 우리 기사님이 새삼 대단해 보였다.

초원 지대의 끝에 커다란 암석들이 보이기 시작했고 그와 동시에 차가 멈추어 섰다. 드디어 '바가 가즈링 출루(Small rocky formations)'에 도착한 것. 몽골 여행의 수요가 늘어나고 있는 것에 반해 정보의 양은 턱없이 모자라다. 특히 바가 가즈링 출루 같은 경우는 더하다. 덕분에 제대로 된 자료 조사는커녕 이름만 알고 달랑 내린 우리 앞으로 비가 추적추적 내리기 시작했다. 쏟아지는 비도, 그렇다고 아주 약한 비도 아닌 딱 기분 나쁜 축축함을 지닌 비였다.

그렇게 비와 함께 바가 가즈링 출루를 올랐다. 고작 바위산에 볼 만한 것이 있겠느냐, 하고 생각했던 것과는 달리 중간중간 찾아볼 것이 꽤 많은 곳이었다. 설명이 없었더라면 무심코 넘겨버렸을 것들에도 이야기가 얽혀 있었다.

여행을 하다 보면 종종, 누군가의 설명이 고플 때가 있다. 미술품을 감상한다거나 혹은 역사적인 어떤 곳들을 오를 때. 내가 충분히 준비해 오지 못해, 내 무지의 대가로 많은 것들을 놓쳐야 할 때 나는 이따금 강한 아쉬움을 느낀다.

그래서일까. 걸으며 줄줄 이어지는 가이드 언니의 설명들이 반가웠다. 얽힌 전설과 실화를 바탕으로 한 이야기를 듣다보면 왠지 그 순간들이 눈앞에 그려지는 것 같은 기분이 들었다. 올라가는 길, 이미 무너져버린 집터가 눈에 들어왔다. 그것을 잠깐 보고 있자니 우리가 관심을 가지는 것이 무엇인지를 빠르게 눈치 챈 가이드 언니의 설명이 곧장 따라붙었다. 이 집의 주인은 두 승려였다며, 집의 바로 옆으로 흐르는 작은 개울에서 물을 퍼다 마셨다는 이야기가 함께 전해진다고 했다. 크게 특별할 것 없는 이야기였음에도 예부터 전해지던 전래 동화를 듣는 듯 흥미로움이 느껴졌다.

　우리 모두는 무리 지어 움직였다. 설명을 잘 듣기 위해서 뭉친 것도 있었지만, 한 팀이었기에 뭉치지 않을 수가 없었던 것도 이유 중 하나였으리라. 그렇게 무리지어 올라가다 보니 또 반대쪽에서 무리 지은 한 팀의 사람들이 우르르 내려오는 모습이 보였다.

　잠깐의 시선이 오고가고, 그 순간 우리도, 그들도 서로가 한국인임을 직감했다. 우리가 만난 곳이 한국이었다면 지나치듯 시선이 비껴 흘러나갔을 테지만 지금 우리는 몽골을 여행하는 중이었기에 자연스럽게 말을 건넸다. 지나가는 사람들에게서 "위에 올라가면 정말 멋있어요!" 하는 외침이 들렸다. 내가 몽골에서 처음으로 만날 대자연의 모습은 과연 어떤 것일지 궁금증이 싹터 올랐다.

　어쨌든 중요한 건 올라가는 게 그리 힘들지는 않았다는 것이다. 눈앞에 온갖 기형적인 바위들이 보였다. 누가 빚은 것처럼 희한하게 생겼다는 생각이 가장 먼저 들었다. 삐죽삐죽 솟은 절벽과 여기저기 발달한 절리들의 모습이 잘 어울렸다. 이건 어떤 지형이었더라, 하고 잠시 기억을 더듬다가 이내 그만두었다. 이 여행에서 굳이 내가 알고 있는 것들을 확인할 필요는 없을 것 같다는 생각이 들었기 때문이었다.

뭔가를 배워야만 하고, 또 무언가를 확신해야만 하는 여행에서 벗어나 오늘 내가 어떤 곳으로 가는지, 그곳은 어떤 사연을 가지고 있는지 아무것도 모른 채 그저 일정에 맞추어 움직이는 여행을 해보고 싶었다. 그렇게 날것의 시선으로 몽골을 마주하고 그것들을 가슴속에 가득 담아오면 그것만으로도 충분할 것이었다.

어쨌든 그런 생각을 하며 걷고 걷다 보니 돌산의 가장 높은 곳에 이르렀다. 마치 넓은 평원인 양, 평평하고 넓은 지형이 우리를 맞았다. 좁고 울퉁불퉁한 길의 끝에 이러한 지형이 존재하고 있으리라고는 생각지도 못했다.

우리는 그곳에 서서 주변을 살피고, 뭔지 모를 것들을 가리키며 수다를 떨다가 또 사진을 찍었다. 세상을 내 발 밑에 둔 기분이란 낯설면서도 퍽 기꺼웠던지라, 나는 한참동안이나 바위 위를 오가며 바가 가즈링 출루의 여기저기를 내다보았다. 빗물에 진하게 물든 바위산의 모습이 마음속에 천천히 스며들었다.

한참을 구경하다보니 넓은 바위 위에 뭔가 삐죽이 솟아 있는 것이 보였다. 저건 또 뭔가, 하고 가이드 언니를 찾으니 '어워'라고 불리는

푸른 천이 인상적이었던 몽골의 어워.
그들의 신을 믿는다거나 그들의 종교에 대해
잘 아는 것은 아니었음에도 불구하고 그저
분위기에 취해 어워를 돌며 기도를 해봤던 것
같기도 하다. 그저 이렇게만 살 수 있었으면
좋겠다는 소망을 담아.

돌무더기라고 한다. 우리나라의 성황당(서낭당)과 비슷한 역할을 하는 상징물이었다. 푸른 천이 인상적이었던 몽골의 어워. 그들의 신을 믿는다거나 그들의 종교에 대해 잘 아는 것은 아니었음에도 불구하고 그저 분위기에 취해 어워를 돌며 기도를 해봤던 것 같기도 하다. 그저 이렇게만 살 수 있었으면 좋겠다는 소망을 담아.

여전히 비는 추적추적 내렸다. 우산을 쓰기에도 애매하고 쓰지 않기에도 애매한 날씨가 계속해서 이어졌다. 바위 위에 올라서서 먼 곳을 내다보니 우리가 있는 여기, 이곳에만 비가 내리는 게 보여 조금은 억울했다. 맑은 세상 속, 비가 내리는 아주 조그마한 공간 속에 있다 보니 큰 바다 위의 외딴 산호섬이 된 것만 같았다.

쨍하니 개어 있는 먼 초원의 하늘을 애타게 바라보다가 내리는 빗방울에 두어 차례 옷을 적시고서야 우산을 조금 더 고쳐 들었다. 어차피 우리가 떠나기 전까지 이 비는 그치지 않으리라는 것을 인정하고 나니 왠지 보이는 것들이 조금 더 많아지기 시작한 것도 같았다. 그리고 미끄러운 바위를 걸어 마침내 아래가 훤히 보이는 절벽의 끝에 이르러서야 조금 흐린 날씨 따위는 내 감상에 조금의 영향도 미칠 수 없으리라는 것을 확신했다.

굳이 설명해 보자면, 그런 것이다. 태어나서 한 번도 본 적 없었던 광활한 풍경에 할 말을 잊게 되는 것. 그리고 그렇게 넓은 것들은 카메라에 담기도 쉽지 않았다. 중간쯤부턴 카메라에 바가 가즈링 출루의 멋진 풍경을 담는 것을 포기하고 마음 가득 새기기 위해 절벽의 여기저기를 세심하게 살폈다. 먼 풍경을 바라보기도 했고 절벽 틈으로 삐죽 솟아난 들풀을 살피기도 했다.

그렇게 살피며, 이곳엔 의외로 볼거리가 많다는 사실을 깨달았다. 볼 게 많을 것이라 기대하고 온 사람에겐 별것 없을지도 모르지만 아무 것도 없으리라 생각하고 온 사람이라면 나와 같은 생각을 할 수도 있을 것이다. 가령 어딘가에 숨겨져 있는 동굴이라든가, 사원이라든가, 하여 튼 그런 것들.

이렇게 넓은 환경일수록 작은 것들이 아름다운 법이다. 아무리 작다 하더라도 눈앞에 보이는 넓은 풍경의 지분 한 조각 정도는 가지고 있는 것들이었다. 일견 하찮아 보일 수는 있으나, 그런 것들이 모여 풍경을 조금 더 아름답게 만든다는 것을 우리 모두는 어렴풋이 짐작하고 있었다.

바람이 정말 쉴 새 없이 불었다. 덕분에 옷 밖으로 내어 놓은 살갗이 차갑게 식었다. 이대로라면 바람을 타고 한국으로 날아갈 수도 있을 것 같은 기분에 아쉬움을 뒤로한 채 철수할 수밖에 없었다. 뻥 뚫린 속 대신 이곳의 많은 것들을 꽉꽉 채워 가고 싶었는데, 여건이 되지 않아 조금은 안타까울 따름이었다.

바가 가즈링 출루의 마지막 스폿은 '눈의 우물'. 직역하면 눈으로 마시는 약수, 정도가 맞겠다. 약수를 선보여주겠다는 가이드 언니의 인솔에 따라 또다시 바위들의 틈을 살살 기어올라갔다.

대체 우물이 어디 있다는 거지, 하고 빠르게 올라가려고 하는데 그 순간 가이드 언니의 목소리가 들려온다.

태어나서 한 번도 본 적 없었던 광활한 풍경에 할 말을 잊게 되는 것.
그리고 그렇게 넓은 것들은 카메라에 담기도 쉽지 않았다.

"어어, 거기 아니고 여기예요!"

지나오며 우물 비슷한 것을 본 기억이 없어 의아함이 가득한 표정으로 뒤를 돌아보았더니, 바닥에 쪼그려 앉은 가이드 언니의 모습이 보였다. 그런 언니의 옆에는 그냥 어디서 굴러온 돌덩이겠거니 싶은 돌판 하나가 놓여 있었다.

"언니, 우물이 대체 어디 있어요?" 하고 질문을 던지기도 전에 언니는 그 돌을 집어 들었는데, 놀랍게도 아래에 자그마한 구멍이 있었다. 손바닥보다 작은 구멍에, 그것보다도 훨씬 작은 두레박이 묶여 있는 모습이었다. 두레박이라기보다는 티스푼이라고 말하는 것이 더 어울릴 것 같다는 생각이 들 정도로 작고, 또 작았다.

그렇게 다 함께 쪼그려 앉아 '우물'이라고 명명된 작은 구멍을 보고 있으니 《이상한 나라의 앨리스》라거나 《걸리버 여행기》 같은 이야기들이 떠올랐다. 소인국에 가서 그 동네 사람들이 열과 성을 다해 막아놓은 우물 뚜껑을 한 손으로 들어 치우고 약수를 약탈해가는, 다분히 판타지적인 그런 상황들 말이다.

눈에 바르면 눈이 좋아지고 아주 먼 곳까지 볼 수 있다고 해서 속는 셈 치고 한번 발라 보았다. 아주 시원했고, 눈을 씻어내는 기분도 들어 좋았다. 실제로 시력이 좋아진다거나 하는 기현상은 발생하지 않았지만 시원하게 닿아오는 물 때문인지 시야는 한결 맑아진 것 같다는 생각이 들었다.

하늘로 이어지는 길

몽골의 도로는 항상 하늘과 이어져 있곤 했다. 하늘에 닿은 지평선과 저 먼 곳 어디쯤에서 끊어진 도로. 나는 종종 마음속으로 되뇌곤 했다. 저 멀리 끊어진 도로 너머엔 온통 하늘뿐일 것이라고, 이렇게 달리다 보면 저 멀리 잔뜩 깔린 구름 위로 풍덩 떨어질 것이라고. 멀리 펼쳐진 구름에도 이름이 붙어 있을 것 같았다. 우리가 만난 차강 소브라가나 바가 가즈링 출루, 그런 것들처럼. 그리고 언젠가 하늘이 허락하고 땅이 길을 여는 날이면 그곳에 닿을 수도 있으리란 전설 같은 이야기.

오늘 이 차의 목적지는 하늘나라 구름 동산 어딘가.

바위들의 향연, 바가 가즈링 출루

45

붉거나, 혹은 하얀색으로 가득한 지형 덕분에
화성이나 중생대 언젠가를 보고 있는 듯한 착각에 빠져들었다.
마치 공룡이 살았을 것 같은, 혹은 아주 척박한 외계 행성의
어딘가를 보는 것 같은 기분.

3.
외계 행성의 풍경,

차강 소브라가

차강 소브라가로 가는 길,
몽골의 도로 위에서

―――――――

밤새 춥다가 덥다가 아주 난리였다. 오전에 눈을 뜨니 7시를 막 넘어가고 있었다. 일찍 잠들었는데도 피곤하다는 생각을 하며 침낭에서 슬금슬금 벗어났다. 게르의 천장을 때리는 빗소리를 자장가 삼아 잠들었는데 일어나 보니 비는 이미 그친 지 오래였다.

여전히 흐리긴 했지만 새 하루의 시작인지라 찌뿌둥한 몸을 풀며 기분 좋게 밖으로 나왔다. 멀리 구름이 보이고, 그 구름에선 마치 햇살이 내리듯 회색 빗물이 떨어져 내리고 있었다. 고운 밀가루를 채에 넣고 털어대는 모습과도 비슷했다.

우리가 묵었던 게르의 옆 게르에는 우리와 모든 일정이 같은 예비부부 한 팀이 머무르고 있었고, 자연스럽게 그들과도 게르와 자동차만 따로 쓰는 일행이 되어 함께하기로 했다. 이 부부와의 인연도 조금 독특했던 것이, 나와는 인천공항에서부터 내내 함께했던 것이다. 인천공항에서 체크인을 하기 위해 줄을 서며 대화를 잠깐 나누었던 것을 시작으로 비행기 대기, 여행사의 픽업 자동차로 이동, 아침 식사와 나머지 일정을 모두 함께한 사이. 그래서일까. 대화를 많이 한 것은 아니지만 왠지 친숙했다.

어쨌든 우리는 아침부터 꽤나 바빴다. 뜨뜻한 국물로 밤새 차가워진 속을 달래고 바로 밖으로 나왔다. 약속이라도 한 듯 사람들의 손에는 카메라가 달랑거렸다. 이게 바로 여행을 시작한 지 얼마 되지 않았다는 신호가 아닐까. 모든 게 새롭고 모든 게 신기한 시기, 그래서 모든 것을 사진으로 남겨두고 싶은 마음 같은 것들 말이다. 모두가 같은 생각을 하는 듯했다. 그렇게 찬바람이 불어오는 게르의 바깥, 별 볼 것도 없는 넓은 초원 위에서 서로가 서로의 사진을 찍어주며, 그리고 그런 서로의 모습을 구경하며 한참을 서성였다.

손에 들린 필름 카메라의 철컥 소리가 낯설면서도 정겹다. 새로운 곳, 새로운 사람들, 그리고 새로운 카메라까지. 한쪽에선 가이드 언니들이 바쁘게 출발 준비를 하고, 또 한쪽에선 일행들이 모두 나와 줄줄이 소시지마냥 사진을 찍어주는 모습이 이상하면서도 퍽 재미있었다.

그리고 우리는 다시 이동했다. 사실 몽골 여행은 이동으로 시작해서 이동으로 끝난다는 말이 과언이 아닐 정도로 정말 오랜 시간동안 차를 타고 이동해야만 한다. 그 이동이 지겹다 싶을 때쯤이면 거짓말처럼 멋있는 풍경들이 나타나곤 했는데, 우리는 그때마다 차를 잠깐 세워달라고 가이드 언니에게 외치곤 했었다.

비가 내리던 전날과는 달리 날씨가 맑아지면서 모든 풍경이 선명해지기 시작했다. 마치 새로 짠 물감을 풍경 위에 덧칠하는 것처럼, 혹은 그림 위를 덮은 먼지를 쓸어낸 것처럼 날은 그렇게 맑아졌고 날이

"언니, 저희 저기 도로 위에서 세워주세요!"

맑아지는 만큼 우리의 마음도 개운해졌다. 푸르게 갠 하늘 아래, 쭉 뻗은 도로를 발견한 우리는 또다시 외칠 수밖에 없었다.

"언니, 저희 저기 도로 위에서 세워주세요!"

앞뒤로 지나가는 차는 단 한 대도 없었고, 그렇게 몽골의 도로는 우리들을 위한 세트장이 되었다. 우리는 앉고, 뛰고, 뒤돌아서며 온갖 포즈를 지어댔고 개중 절반은 망한 사진, 남은 것의 절반은 구도가 이상한 사진, 그리고 그 반의 반 정도가 진짜 잘 나온 사진으로 남았다. 어딘지도 모를 도로의 모습이 우리의 여행 한 귀퉁이를 예쁘게 물들였다.

도로의 어딘가에서 자유롭게 사진을 찍을 수 있다는 것도 몽골이라는 나라가 가지는 매력 중 하나가 아닌가 싶다. 이렇게 쭉 뻗은 도로에, 앞뒤로 단 한 대도 오지 않는 자동차에, 그 뒤로 넓게 펼쳐진 초원과 그것보다 더 넓은 하늘까지. 우리는 그 모든 것을 즐길 준비가 충분히 되어 있었다.

에어컨 대신 우리의 운전기사님인 토모루의 우산을 빌려 창문에 걸쳐놓으니 바람이 숭숭 잘도 들어온다. 푸르공 안을 시원하게 감싸는 몽골의 바람이 몰고 온 오후의 꿀맛 같은 낮잠. 덜커덩거리는 차체가 불편할 법도 한데, 참 잘도 잤다. 푹 잤다. 아주 개운하게 잤다.

다시 깨어났을 땐 사방이 온통 푸릇푸릇했다. 켜켜이 쌓인 구름이 멀리까지 보인다. 한국 어디에서 이런 모습을 볼 수 있을까 하고 생각하니 아무것도 없는 이 풍경이 밋밋하기보다는 충격적일 정도로 아름다운 느낌이었다. 누군가가 하늘 위에 구름으로 쌓기 놀이를 하고 있나보다. 그런 생각을 할 때쯤 점심을 먹어야 할 시간이 다가왔기에 초원 위에 차를 세웠다.

차가 멈추어 선 이후 우리 모두는 우르르 바깥으로 나갔다. 물론 밖으로 나간다고 해서 우리가 도울 수 있는 일은 없었다. 30분 정도 걸리니 가서 놀고 있으라는 가이드 언니들의 말에, 몽골에 왔다면 무조건 해야 할 것 중 하나인 '푸르공 위에서 사진 찍기'를 시도하며 신나게 시간을 보내기 시작했다.

우리는 늘 그렇게 자유로웠다. 차 위에 올라가고 싶을 땐 그렇게 했고, 초원 위를 뛰어다니고 싶거든 또 그렇게 했다. 그러다가 문득 춤을 추고 싶어지거든 아무런 반주도 없는 초원 위에서 드론 하나를 날려놓고 신나게 춤을 췄다. 괴상하고 이상한 춤들이었지만 그냥 그 모든 순간이 즐거웠다.

우리가 만난 지 이틀도 안 된 사이라는 건 중요한 것이 아니었다. 중요한 건 지금 바로 이 순간, 놓치면 후회할 수밖에 없는 풍경과 분위기가 바로 앞에 존재한다는 것. 그뿐이다. 우리가 함께한 모든 순간이 아름다웠다. 그리고 앞으로 함께할 순간들은 더더욱 아름다울 것이라는 확신이 들었다.

이내 점심이 준비되었다는 외침이 들려왔다. 빨갛고 매콤한 국물이 가득 든 닭볶음탕을 접시 위로 한가득 옮겨 담았다. 든든하게 배를 채

웠고 그것보다 더 든든하게 마음을 채웠다. 요 근래 이렇게 많이 웃어
본 적이 있던가, 싶을 정도로 즐거운 시간들이 계속되었다.

플라스틱 그릇을 손에 쥐고 음식을 입가로 가지고 가던 순간, 찰칵
하는 셔터 음이 들려온다. 우리의 모든 순간은 그렇게 사진 속에, 영상
속에, 그리고 우리들의 기억 속에 남았다.

아무도 없는 초원 위에서의
댄스파티

여행지에서 해보고 싶은 것이 있었다. 너무너무 흥이 오른 나머지 나도 모르게 춤을 추게 되는 것. 춤을 춰야 하는 환경에서 춤을 춘다기보다는 신이 나고 흥겨워서 씰룩씰룩 춤을 추게 되는, 그런 경험을 꼭 한 번은 해 보고 싶었다.

종종 여행을 하다 너무나도 신이 날 때면 소심하게 어깨춤을 췄다. 으쓱대며 거리를 걷다가 신나게 몸을 흔들지 못해 아쉬워했다. 나는 내가 소심하다는 것을 이미 알고 있었다. 나는 큰소리를 내지 못했고, 크게 노래를 부르지도 못했다. 그래서 나는 더더욱 신이 나서 마구 몸을 흔드는 그 순간을 바라고 또 바랐다.

우리가 탄 푸르공은 넓은 초원을 달리고 또 달렸다. 그러다가 초원 어딘가에 차를 세웠고, 우리는 그곳에서 춤을 췄다.

"우리, 다 같이 춤출까요?"

드론을 날리던 일행 중 한 명이 드론을 하늘에 띄우더니 같이 춤을 추자고 했다. 그렇게 춤을 추고 있으면 드론으로 우리의 모습을 찍겠다는 이야기였다. 그렇게 말한 그는 드론을 날리면서 우리 중 제일 신나게 춤을 췄다. 우리는 하나, 둘, 셋을 외치고 다 같이 신나게 몸을 흔들었다. 음악 같은 건 없었다. 우리가 지르는 소리와 웃음소리가 들려오는 소리의 전부였다. 몇 번을 춤을 췄다. 춤을 춘 건지, 그냥 뛰어다니는 것인지는 몰랐지만 어쨌든 아주 신이 났다.

여행이 끝나고 우리가 함께 춤을 춘 영상을 받아 보았다. 그 영상 속에서도 나는 여전히 소심한 어깨춤밖에 추지 못하고 있었으나 모두가 함께 춤을 추고 있어서인지 평소보다도 더 흥겨운 어깨춤을 추고 있었다.

다음번에 또다시 여행을 하게 된다면 그땐 정말로 신나게 온몸을 흔들어대고 싶다. 음악조차 없던 초원에서 춤을 추었고 주변을 거닐던 사람들이 있던 사막 위에서 목청껏 노래를 불렀다. 차를 타고 이동하며 음악에 맞춰 다 같이 어깨춤을 추고 노래를 불러보았으니 다음엔 정말로 신나게 춤을 출 수 있겠다.

하얀 불탑,
차강 소브라가

맑은 건지, 흐린 건지 구분이 안 되는 날씨가 우리 앞에 펼쳐졌다. 곧 비가 올 수도 있을 것 같다는 생각이 들어 조금은 급하게 바깥으로 달려 나왔다. 그렇게 만난 차강 소브라가의 첫인상은 단순했다. 조금 애매한가, 하는 마음. 처음 마주했을 땐 '이게 멋진 건가?' 하는 의아함이 앞섰다. 멋있는 것 같긴 한데 이게 끝인가, 싶기도 한 오묘한 기분. 일단, 무지 넓다는 것 하나는 잘 알겠다. 이것이 우리말로 '하얀 불탑'인 차강 소브라가의 첫인상이었다.

바람이 온 사방에서 강하게 불어댔다. 곧 얼어 죽을 수도 있겠다는 생각이 들어 옷을 여미고 주위를 조금 더 살폈다. 얇은 셔츠 사이로 파고드는 바람이 제법 매서웠다. 바람도 조금 피할 겸, 제대로 구경도 할 겸 아래로 향했는데, 그렇게 내려가다 보니 차강 소브라가의 진면목이 보였다.

우리가 조금 전까지 서 있었던 곳은 삐죽 솟아오른 절벽이었으며, 아직 비에 젖지 않아 마른 모래들은 하얗고 붉은 색을 띠며 제 위용을 뽐냈다. 어두운 돌들로 이루어진 바가 가즈링 출루와는 다르게 하얀 모래가 곳곳을 장식한 아름다운 절벽이 눈에 들어왔다.

붉거나, 혹은 하얀색으로 가득한 지형 덕분에 화성이나 중생대 언젠가를 보고 있는 듯한 착각에 빠져들었다. 마치 공룡이 살았을 것 같은, 혹은 아주 척박한 외계 행성의 어딘가를 보는 것 같은 기분. 그렇게 한참을 머물며 우리는 바위 위로 올라가기도 하고, 언덕 위를 오르기도 했다.

차강 소브라가를 면면이 살피기 위해 여러 방향으로 움직이며 그곳을 구경했는데 비슷한 듯 다르고, 다른 듯 비슷한 곳이었다. 웅장하면서도 극적이라는 표현이 잘 어울리는, 아주 멋진 곳이다.

높은 바위로 올라가면 아래로 펼쳐진 울퉁불퉁한 지형이, 아래의 언덕으로 내려가면 삐죽삐죽 솟은 암벽이 보였다. 한눈에 모든 것을 담을 수 없을 정도로 넓고 또 넓었다. 외계인이 지구에 떨어진다면 꼭 이런 곳에 떨어지지 않을까. 알려진 것보다 알려지지 않은 게 더 많을 것 같다는 생각이 잠시 들었다.

그러나 차강 소브라가는 정말 볼 게 없었다. 끝없이 펼쳐진 초원, 울퉁불퉁한 지형, 옆에 솟은 암벽. 처음엔 분명 숨겨진 게 많을 것 같다는 생각을 했지만 직접 돌아다녀보니 그저 보이는 게 전부인 장소일 뿐이었다. 그럼에도 불구하고 쉽사리 발을 옮길 순 없었다. 다른 이유에서라기보다는 미끄럽기도 했거니와 너무 넓은 터라 자칫 길을 잃거나 발을 헛디디기 십상이란 생각이 들었기 때문이다.

그렇게 강제로 발을 붙들려 차강 소브라가의 어딘가에 잠시간 머

마치 공룡이 살았을 것 같은,
혹은 아주 척박한 외계 행성의 어딘가를 보는 것 같은 기분.

무르게 되었을 때, 할 것이라곤 눈앞에 펼쳐진 풍경을 보며 혼자 생각하는 것밖에 없었기에 이내 이런저런 생각에 잠겨들었다. 별 특별한 생각은 아니었다. 이 풍경과 기가 막히게 잘 어울리는 아기 공룡 둘리라거나 공룡 같은 것들이 그 생각의 대부분을 차지했다.

그렇게 이어진 생각은 흐르고 흘러, 지금 내가 보고 있는 이 풍경은 한국의 그 어디에서도 볼 수 없는 풍경이겠구나, 하는 생각에까지 이르렀다. 이렇게, 정말 아무것도 없는 풍경을 언제 어디에서 또 만나볼 수 있겠느냔 생각까지 해내고서야 지금 이 순간이 얼마나 소중한 것인지를 실감했다. 내 생각과는 다른 몽골, 그러나 그렇기에 더 소중한 이곳.

몽골 하면 사람들은 대개 초원을 떠올리곤 한다. 하지만 직접 만난 몽골은 푸릇푸릇한 초원이라기보다는 어쩌면 척박해 보일 수도 있는 풍경들의 연속이었다. 풀은 손가락 한 마디 정도로만 자라났고, 풀의 비율만큼이나 황토색 모래의 비율도 높았다. 물론 북쪽 지대로 올라가면서 조금씩 달라지긴 했지만 이때까지만 해도 그랬다.

그래서 더 놀라웠다. 내가 상상하던 모습과는 다른 몽골이, 마냥 평평하기만 할 것 같았던 몽골의 초원 위에 나타난 이런 지형들이, 그래서 더더욱 비현실적인 풍경의 일부가 되어 있는 나 자신의 모습이.

아무것도 없을 것 같은 땅 위에 비죽이 솟아오른 돌산. 멀리서 볼 땐 신기루라고 착각할 만한 모습이기도 했다. 누군가 옮겨 둔 것처럼 갑작스럽게 튀어나오는 모든 것. 어울리는 듯 어울리지 않고, 어울리지 않는 듯 어울리는 참 묘한 곳이다. 그러니까 순간순간이 마법 같았다고도 할 수 있겠다. 그래서일까, '지금 이 순간, 마법처럼' 하는 노래 가사가 귓가를 스쳐 지나갔다. 오늘의 주제곡 되시겠다.

또다시 만난 어워의 주변을 세 바퀴 돌며 다 잘 되기를, 모두 건강하기를 빌었다. 일단 많이 빌어놓으면 그중 하나는 이루어지지 않을까. 워낙 이것저것 바라는 게 많은 성격인지라 소원의 질보다는 양으로 승부하기로 했다. 뭐든 이루어지기를.

보정하지 않아도 합성처럼 보이는 풍경 속, 제대로 씻지도 못해 질끈 머리를 올려 묶은 내 모습이 새삼 행복해 보인다. 그 풍경 속에서 벗어나 다시 익숙한 곳으로 돌아온 나는 여전히 그때를 그리워하고 있는 모양이다.

외계 행성의 풍경, 차강 소브라가

내가 사랑했던
몽골의 하루

낮에는 게르의 천장을 열어두곤 했다. 그 구멍 사이로 맑아진 몽골의 하늘이 보였다. 난로도 없고, 있는 것이라고는 여러 개의 침대뿐인 곳이었지만 충분히 만족할 수 있을 만큼 낭만적이었다. 몽골 생활의 꽃은 바로 이런 게르 아니겠는가.

어느새 맑아진 하늘이 반가워 숙소에 도착하자마자 작은 배낭 하나를 짊어지고 게르로 향했다. 언뜻 뒤돌아본 풍경 속, 우리가 달려온 바퀴자국을 제외하면 시야에 걸리는 게 단 하나도 없다는 사실이 너무나도 신기했다.

이런 풍경을 놓칠 수는 없었다. 숙소에다가 가방을 냅다 던져두고 다시 밖으로 달려 나왔다. 모든 것이 개운하고 깔끔할 정도로 넓었다. 지평선 너머로 지는 해를 볼 수 있을 것 같다는 생각이 들었다. 참 평화로운 날이었다.

캠프의 앞을 실컷 살피고, 저녁을 먹기 전 잠깐 게르의 뒤쪽으로 나갔다. 나보다 먼저 온 선객들이 있었다. 나와 인천공항에서부터 함께한 일행 두 분이었다.

우리가 친해질 수 있는 모든 요건이 갖추어져 있었다. 적당히 선선한 날씨, 예쁜 하늘, 기울어가는 해와 이미 준비되어 있는 맥주. 딱히 가릴 것 없이 맥주를 나눠 마시며 서로 사진을 찍어주고 이야기를 나눴다. 찍다 보니 엉터리 사진작가의 혼이 불타올라 바닥에 주저앉고 이런저런 구도를 주문하는 것도 서슴지 않았다. 맥주를 마시고, 사진을 찍고, 간단하게 이야기를 나누다가 다시 맥주를 마셨다. 그렇게 조금씩 가까워지는 법을 배웠다.

해가 지기까지 시간이 좀 더 걸릴 것 같아 저녁 식사를 함께했다. 가이드 언니들의 합작인 이름 모를 국수 요리는 칼국수 같으면서도 몽골의 요리 같기도 했다. 하지만 우리나라의 맛이 아주 강하게 났다. 나중에 비결을 물어봐야 할 것 같다는 이야기를 두런두런 나누며 열심히 긁어먹었다.

게르 문을 열어둔 채 여섯 명이 모여 앉아 하는 식사가 참 정겹다. 서로의 접시에 음식을 덜어주고, 한쪽에서 음식을 세팅하고 있으면 다른 한쪽에선 식후 차를 준비하곤 했다. 누구 하나 시키지 않아도 알아서 척척이었다. 너도나도 준비해온 차며 커피를 꺼내들었다. 우리는 그렇게 마지막 날까지, 단 하루도 빠짐없이 식후 차(와 커피)를 마셨다. 일종의 의식이었다. 우리가 지금 여행지에 있다는 것을 상기시키는 의식.

그렇게 밥을 먹고 밖으로 나오니 해가 어느새 게르의 꼭대기에 걸려 있었다. 맥주는 없었지만 아까의 사람들은 있었다. 이렇게 예쁘게 해가 지는 모습을 본 사람이 이 게르 캠프에서 우리들뿐이라는 것이 새

낮에는 게르의 천장을
열어두곤 했다.
그 구멍 사이로 맑아진
몽골의 하늘이 보였다.

삼 아쉬웠다. 지는 해 밑으로 초원의 풀들이 살랑대고 있었고 카메라 속의 해는 여러 갈래로 갈라져 그 아름다움을 더했다. 하늘과 땅이 같은 색으로 물드는 유일한 시간에, 우리는 나란히 앉아 멍하니 해 지는 모습을 바라보았다.

해가 지는 것은 금방이었다. 땅에 걸쳐진 순간부터 채 5분도 지나지 않아 해가 완전히 땅 밑으로 가라앉았다. 그 찰나의 것을 보기 위해 사람들은 새벽의 순간을, 혹은 이런 저녁을 기다리는 것이다. 짧아서 더 아름다운 것들이 있다. 지금 내 눈앞에 펼쳐진 풍경 같은 것들이 유독 그랬다.

해가 얼마나 내려갔는지 보고 싶을 때면 선글라스 두 개를 겹쳐서 지평선을 쳐다보곤 했는데 그렇게 제대로 볼 때마다 아쉬움이 앞섰다. 곧 내려가겠구나, 곧 사라지겠구나, 또 내일을 기약해야겠구나. 날이 저물고 전기조차 나가버리는 밤이 찾아오면 이렇게 내 여행의 하루가 지나가고 있음이 실감 나곤 했다. 맞이할 내일이 기대되면서도 같이 다가오는 끝이 아쉬운 것은 비단 나에게만 국한된 마음은 아니었을 것이다.

다행히 이곳에서는 해가 저무는 것과 동시에 새로운 하루가 시작되었다. 해가 질 무렵 어디선가 들려온 노랫소리에 피리 부는 사나이의 피리 소리를 들은 것처럼 나도 모르게 발걸음을 옮겼다.

세계 각국의 여행자들과 몽골 사람들이 함께 둘러앉아 자기들만의 파티를 벌이고 있었다. 생각나는 노래를 마음껏 불렀고 관객들은 노래를 듣다가 자기들의 방으로 돌아가곤 했다. 그렇게 비어버린 자리는 또다시 다른 사람들이 와서 채웠다. 여러 사람들이 자유롭게 오고가는 그

파티에서 우리는 몽골의 노래들을 들었다. 그러다가 가끔 한국의 노래를 부를 땐 신이 나서 손뼉을 쳤다.

이름도, 나이도, 국적도 제대로 모르는 사람들이 함께 어울리는 이 순간이 너무나도 좋았다. 다음을 기약하지 않고 그저 이 순간을 즐기는 것뿐이었기에 부담이 없었다. 바로 옆에 은은히 켜진 작은 등이 모닥불을 대체한 듯 따뜻하고 고요한 분위기가 사람들 사이를 휘감았다가 사라졌다. 그렇게 따뜻한 분위기가 주변을 감돌며 별처럼 반짝이는 동안 사람들의 노랫소리는 몽골의 바람을 타고 멀리까지 흘러갔다. 우리는 이런 모습을 보기 위해 몽골에 왔나 보다. 모든 것이 아름다운 밤이다.

몽골에서 쓰는 편지 2

잘 지내고 계신지요. 여기는 지상. 고즈넉한 시간대를 골라 그와 꼭 비슷한 어느 강가의 둔치에 앉았습니다. 지금 내 앞엔 발갛게 어그러지는 태양이 있습니다. 저녁이 찾아오는 모양입니다. 이렇게 앉아 그를 기린지 어느덧 9년 하고도 반년이 더 지났습니다. 어그러지는 태양을 수없이 세고서야 간신히 그의 부재를 실감하였습니다. 하루하루 그를 그리며 살고 있습니다. 바쁠 것도 없어 멍하니 시간을 때우다 보면 문득 그의 생각이 나 나도 모르게 눈시울을 붉히곤 합니다.

어제 밤하늘은 참으로 맑았습니다. 작은 초가 앞 그림자에 누워 그것을 보노라니 괜히 마음이 울적해지는 것이었습니다. 때마침 눈앞을 가로질러간 별똥은 새삼스럽게도 어제 밤처럼 유난히 맑은 하늘을 가졌던 그날을 생각나게 하였습니다. 그때의 나는 참으로 행복했음을 말하고 싶었습니다. 여직 잊지 못해 괴롭긴 하였습니다마는 덕분에 그를 기억함은 분명할 것이니 말입니다.

그날도 나는 이렇게 하늘을 올려다보고 있었고, 그 또한 내 옆에 나란히 누워 하늘을 사색하였습니다. 그런 우리의 옆에는 희게 빛나는 망원경 하나가 존재했을 따름입니다. 그와 나는 꿈을 꾸는 사람들이었습니다. 어쩌면 이르지 못할 머나먼 곳을 바라보며, 인간의 짧은 역사를 지

나 감히 헤아릴 수도 없는 시간을 달려온 작은, 아니, 거대한, 빛을 추억했습니다.

그러고선 정적, 정적, 정적. 찌르르 우는 실솔들의 오케스트라, 어느 관현악단의 웅장한 음악소리. 그러면 우리는 그 감미로운 노랫소리를 잠자코 귀 기울여 듣곤 했던 것입니다. 잠깐 그 노랫소리가 그쳤을 무렵 다시 조잘대기 시작한 우리들은 어쩜 그리도 할 이야기가 많았던지 하늘 높은 곳에서 보드레하게 빛나던 달이 기우는 것조차 까맣게 몰라보았습니다. 어슴푸레한 새벽 여명이 그의 눈동자에 비쳐올 때서야 이렇게 또 다시 행복한 하루가 시작됨에 감사했음이 분명했을 텝니다.

오늘도 실솔들의 오케스트라는 계속되고 있습니다. 늘 그와 함께였던 평상에 혼자 누워 하늘을 바라보다 보면 마냥 행복하기만 했던 순간들이 머릿속에 떠오르곤 해 더더욱 그가 그립습니다.

영원할 것 같았던 그 사람이 이렇게 순식간에 떠나버릴 줄이야. 그의 마지막을 본 것은 나뿐이었을 테지만, 굳이 이곳에서 그것들을 언급하지는 않겠습니다. 그 끔찍한 상실감과 슬픔과 안타까움과 현실 도피, 그 후의 미움, 원망, 분노, 그리고 그리움…. 마음 저 한구석에 간추려 접어놓고 다시는 꺼내지 않을 셈입니다. 그저, 저 머나먼 곳에서는 행복하시길 진심으로 바랄 뿐입니다.

다시 한번 여쭙니다. 잘 지내고 계신지요. 잘 지내고 계시기를 진심으로 바랍니다. 그와의 이별은 어쩌면 예정되어 있었을지도 모른다는 생각을 문득 하게 됩니다. 그가 이곳에서 만난 인연들만큼이나 소중한 것을 먼 곳에 두고 왔기에, 나와, 이 세상이 그를 그리는 만큼, 혹은 그보다 더 그를 그리워하고 있는 것이 남아 있었기 때문에…. 그러니 잘 지내고 계셔야만 합니다. 우리 모두는 예정된 운명을 따라 흘러가고 있는 것뿐일 테니까요.

아, 태양빛이 지독하게 내려쬡니다. 처음 시작은 장대했으나 끝은 미미할 따름입니다. 그에게 혹은 당신에게 전하고 싶은 말들로 가슴이 가득 차 더 담을 것도 없었습니다마는 지금은 그 모든 것들이 머나먼 곳으로 사라진 듯 아무런 생각이 나지 않습니다.

이 편지가 끝나면 나는 다시 원래의 삶으로 돌아갈 참입니다. 오전에 뜨는 해와 함께 그의 위대한 업적—이를테면 그가 주워들었던 조약돌의 개수와도 같은 것들입니다—을 기리고, 저녁에 지는 해와 함께 그의 인생을 축복할 테죠. 나는 그렇게 살아가고 싶습니다. 그것이 내게

남은 유일한 소망이라면 믿어주시겠습니까?

잘 지내고 계십시오. 저 하늘 아래 내가 있고, 당신이 있다면 언젠가 다시 만날 날이 있을 텝니다.

외계 행성의 풍경, 차강 소브라가

"지금 하늘에 욜이 보여요! 수염수리!"
욜링 암에서 욜과 산염소를 보면 운이 좋은 것이라 했다.
날개를 활짝 펴고 하늘을 가르는 욜의 모습을 보며
다음 생에는 저런 아이들로 태어나고 싶다는 생각을 잠시 했다.

4.

몽골의 스위스, 욜링 암

욜링 암으로 가는 길

—————————

아침 햇살 덕분에 잠을 깨는 게 무엇인지 제대로 경험한 사람이 과연 몇이나 될까.

어두운 게르의 문이 작게 열리고 그 틈 사이로 햇살이 조심스럽게 걸어 들어온다. 문턱을 넘어 게르의 중앙으로, 그리고 그곳을 지나 내가 잠들어 있는 두툼한 침낭 속까지. 흔들어 깨우는 것보다 더 부드럽지만 확실한 기상 방법이었다. 나는 몽골에 있는 내내 그렇게 아침을 맞이했다.

그때쯤이면 이미 가이드 언니들의 아침은 시작되어 있다. 바깥을 돌아다니는 여러 사람의 발소리와 음식을 하는 달그락 소리, 웅성거리는 말소리에 어디선가 들려온 노랫소리까지 함께 묻어 싱그러운 아침을 장식한다.

밖으로 나오니 뻥 뚫린 초원과 그것보다 더 맑은 하늘이 보였다. 기온은 시원할 정도로 딱 좋았다. 그냥 모든 게 다 상쾌한 아침이었다. 내가 사랑하는 사람들에게 전해주고 싶은 몽골의 아침 풍경.

아침밥은 때때로 국이었다가, 과일이었다가, 간혹 빵이 나오기도 했다. 밥이 완성될 때쯤이면 밖으로 나가 있던 일행들이 게르의 문을 열고 하나둘 안으로 들어온다. 다른 게르를 쓰는 일행들도 잠이 덜 깬 눈을 슬슬 비비며 합류한다.

"실례합니다아."

"좋은 아침이에요오."

덜 가신 졸음 덕분에 우리의 아침인사는 늘 끝이 슬쩍 늘어지곤 했다. 물론, 늘어진 말끝에 웃음기가 옅게 배어 있었음은 숨길 수 없는 사실이었다.

오늘의 목적지는 욜링 암이라고 했다. 독수리 계곡이니, 몽골의 스위스니 말은 많았지만 나는 아직까지 그 풍경을 상상할 수가 없었다. 황토색이 아닌 초록색 풍경들이라고? 그렇게나 멋있다고? 당최 어떻게 생겼는지 알 겨를이 없어 궁금증만 커져 갔다.

우리는 출발과 동시에 가이드 언니가 따로 준비해 온 한국 노래들을 들었다. 놀랍게도 트로트 모음이었다. 따라 부르기도 하고, 간주 듣고 제목 맞추기 게임도 하다가 또 음악에 맞춰 춤을 췄다. 우리의 여행엔 늘 춤이 빠지지 않았다. 가끔 노래를 듣다가 흥이 오르면 발을 까딱까딱 흔들었고, 그것보다 더 흥이 오르거든 온몸을 으쓱대며 열심히 분위기에 잠겨들었다. 우리는 모든 순간을 최선을 다해 즐겼다.

그러고 있으면 가끔 신나게 달리던 푸르공이 멈추곤 했다. 이유는 늘 달랐다. 오늘의 이유는 어디에 쓰는지 모를 물을 퍼 올리기 위해서였다. 전혀 우물 같지 않았던 곳에서 생각보다 맑은 물들이 가득 담겨

왔지만, 바로 그 옆에 잔뜩 퍼질러진 말똥을 보니 괜히 입맛이 사라지는 기분이었다.

몽골엔 중간중간 차를 세우는 사람들이 많다. 그래도 되는 곳이었고, 그럴 수밖에 없는 곳이기 때문이다. 여타 다른 여행지들과는 달리 사람 구경이 힘든 곳이다 보니 결국 서로가 서로를 구경하는 꼴이 되었다. 우리가 멈춰 있을 땐 옆을 지나가는 푸르공을 쳐다보며 손을 흔들었고, 반대의 상황에선 창틈으로 얼굴을 빼꼼 내밀고 우리를 향해 손 흔드는 사람들에게 "샌 베노(안녕하세요)!" 하고 인사하곤 했다. 희한하게도 사람을 사랑하게 되는 곳이었다.

좋은 풍경을 보면 좋은 생각이 나기 마련이어서, 나는 꽤 많은 생각을 했었다. 평소라면 생활에 쫓겨 미뤄두었을 법한 고민들을 원 없이 떠올리고 또 떠올렸다. 그렇게 여유롭게 내 고민에 대해 생각해보는 것만으로도 마음이 많이 편해졌기 때문이었다. 오늘 내게 남는 건 시간이었기 때문에, 고민 해결의 실마리를 찾지 못하면 내일 다시 고민하면 되었기 때문에. 그렇게 충분한 시간이 내게 주어졌기에 매 순간을 즐기며 고민할 수 있었다.

우리는 또다시 초원 한복판에 차를 세웠다. 마침 해가 좋은 조명이 되어주고 있었기에 푸르공과 초원을 배경으로 사진을 찍었다. 몽골은 넓게 펼쳐진 지평선 위에 솟아오른 게 아무것도 없어서, 풍경을 담으면 이상하게 밋밋한 느낌이 들었다. 사람이라도 있어야 사진이 재미있게 나올 것 같은 예감이 강하게 들었고, 그래서 우리는 서로의 사진을 참

사람도, 동물도, 하늘도.
그냥 세상의 모든 것들이
여유로운 곳이었다.
그리고 그중 제일 시끄러운 건
아마도 우리 일행이 아니었을까?

많이도 찍어주고 또 부탁하곤 했다. 덕분에 우리는 카메라를 조금 더 친근하게 여기게 되었고 그러면서 조금씩 서로에게도 익숙해지고 있었다.

오랜만에 하늘이 참 맑은 날이었다. 늘 애매하게 맑은 날씨가 이어져서인지 제대로 맑은 몽골의 하늘은 언제나 반갑고 좋다. 우리가 신나게 뛰고 팔다리를 온 사방으로 쭉쭉 뻗는 동안, 우리의 맞은편에선 수많은 도마뱀들과 양 떼들이 초원의 여유를 즐기고 있었다.

사람도, 동물도, 하늘도. 그냥 세상의 모든 것들이 여유로운 곳이었다. 그리고 그중 제일 시끄러운 건 아마도 우리 일행이 아니었을까?

옆으로 보이는 구름과 양의 엉덩이가 닮았다. 나는 몽골의 것들 중, 양의 엉덩이를 굉장히 좋아했는데 양들이 뛸 때면 냄비 뚜껑이 열리듯 꼬리(인지 엉덩이 털인지)가 파닥거렸기 때문이다.

그런 장면들을 보며 또다시 도로를 달리는 길. 계속해서 달리는 푸르공 안에서 나는 또다시 하염없이 생각에 빠져들었다. 그것 말고 할 것이 없었기 때문이라는 것이 솔직한 이유였다. 내 삶을 사랑하기 위해 어떤 생활을 해야 할지, 나는 앞으로 어떻게 살고 싶은지. 고민한다고 해서 답이 나오는 것은 아니었지만 그냥 문득 그런 생각이 들었다. 이렇게 많은 것들을 계속해서 경험하며 살아가고 싶다고. 나 자신을 조금 더 긍정하고 사랑하며 남과의 다른 점을 인정하며 살아가고 싶다고. 그래서 결국 내 모든 삶이 반짝이는 여행의 기록들로 가득 채워졌으면, 참 진심으로 좋을 것 같다고.

독수리 계곡, 욜링 암

한국인들에게는 독수리 계곡으로 더 잘 알려진 곳, 욜링 암. 스위스를 연상시킨다는 소문이 자자했던 그곳은 내가 평소에 상상해 오던 몽골의 모습과 꼭 같은 형태를 띠고 있었다. 입구에서부터 푸릇푸릇한 느낌이 만연한 곳이었다.

우리는 계곡으로 향하기 전, 가이드 언니에게 이 지역에 대한 설명을 간단히 들었다.

"언니. 이 그림은 독수리예요? 여기 독수리가 많다던대."

"욜은 수염수리라는 뜻이에요. 비슷하게 생겨서 한국 사람들은 그냥 독수리라고 하더라고요."

"아, 그럼 이게 수염수리라고요?"

안내판 그림 속의 새는 독수리가 아닌 수염수리라는 이야기와 그래서 '욜링 암'이란 수염수리를 뜻하는 '욜'과 계곡을 뜻하는 '암'이 합쳐져 '수염수리 계곡'이라는 뜻이라는 이야기들을 잠시 듣고 계곡 안으로 발걸음을 옮겼다.

안으로 들어갈수록 기온이 낮아졌다. 그래도 순간순간의 풍경들이 너무나 아름답다는 것은 부정할 수 없는 사실이었다. 높이 솟은 바위들 사이로 작은 계곡이 흐르고, 우리는 그 계곡을 따라 더 안으로 들어갔다. 들어갈수록 지형은 조금씩 험해지기 시작했다.

중간중간 조각품을 파는 사람들이 있었고 이런 곳에 왔으니 소비를 하고 가야 한다며 작은 사치도 부렸다. 여기는 모든 것이 자유로운 곳이니 지금까지의 것들보다 조금 더 멋대로 지내보겠다고 다짐한 지 오래였다. 그런 우리의 주변으로 햇살이 눈부시게 쏟아져 들어오고 있었다.

거대한 돌산 사이로 햇빛이 비쳐오던 순간들이 그립다. 어쩌면 내가 여행에서 가장 좋아하는 순간일지도 모르는 것들은 대개 햇빛이나 별빛과 함께한 시간들이었을 것이다. 햇살에 사방이 따뜻한 색으로 물든다거나 쏟아지는 별빛에 어린 왕자를 만날 수 있을 것 같다고 생각하게 되는 순간. 주변의 모든 것들이 다가와 행복한 이야깃거리를 속살거리는 그 순간들 말이다. 괜히 감성이 차오르고, 어쩌면 너무 행복하다고 마음속으로나마 울게 될 때. 나는 그런 순간을 가슴 깊이 사랑하게 된다.

그래서 나는 종종 카메라 세팅을 붉은 톤으로 맞춰둔다. 노란 색감이 왜 그렇게도 좋은지. 찍고 싶은 풍경 아래에 좋은 모델들이 함께하는 것은 꽤 드문 일이어서, 나는 이번 여행에서 그런 드문 순간들을 제법 많이 만났음에 감사하곤 한다.

한참을 걷다 보니 하늘에 웬 새가 보였다. 까마귀라고 여기기엔 너무 큰 것들. 그 순간, 가이드 언니의 목소리가 들려왔다.

"지금 하늘에 율이 보여요! 수염수리!"

"지금 하늘에 욜이 보여요! 수염수리!"

욜링 암에서 욜과 산염소를 보면 운이 좋은 것이라 했다. 날개를 활짝 펴고 하늘을 가르는 욜의 모습을 보며 다음 생에는 저런 아이들로 태어나고 싶다는 생각을 잠시 했다. 저기 하늘의 아이들처럼 아무런 방해도 없이 하늘을 훨훨 날아보고 싶었다. 내 오랜 꿈 중 하나였던 '다시 태어나야 한다면 부잣집 고양이로 태어나기'가 잠깐 흐려지는 순간이었다.

좋은 풍경 아래엔 좋은 것들이 함께하기 마련이다. 욜링 암은 참 아름다운 곳이었으나, 그보다 더 아름다운 것은 그곳을 함께 거닌 사람들이었으며 또 그곳에서 만난 사람들이었을 것이다.

나는 앞에 보이는, 제법 깊은 계곡에 겁을 잔뜩 집어먹은 상태였다. 가이드 언니가 옆에서 붙잡아주고 올라갈 수 있도록 해줬지만 긴장한 발이 제 역할을 제대로 해줄 리가 없었다. 번번이 미끄러지고 또 넘어지며 내 앞을 가로막는 계곡, 아니, 계곡 옆의 바위 앞에서 헤매던 때였다.

"Here."

그렇게 끙끙대는 내 앞에 웬 손이 하나 뻗어져 왔다. 마침 그 바위를 넘어가려고 했던 외국인이었다. 어느 나라 사람인지, 어디서 왔는지 알 수는 없지만 친절한 미소를 지으며 손을 뻗어 붙잡아주었던 그들. 아래에선 가이드 언니가 나를 받쳐주고 위에선 웬 외국인들이 붙잡아 끌어주는, 상당히 우스꽝스러운 형태였지만 왠지 든든하고 기분이 좋왔다.

　나는 그렇게 나의 키보다 조금 높았을 바위를 무사히 넘었다. "생큐!"하고 말을 건네니 대꾸 없이 웃으며 목례하던 그들. 그렇게 옷깃만 스친 인연들에게 참 많은 도움을 받곤 했던 곳이었다.

　욜링 암을 거닐며 마치 꿈을 꾸고 있는 듯한 기분, 혹은 꿈에 그리던 이상형을 만난 것 같은 기분에 잔뜩 사로잡혔다. 내가 보고 싶었던 몽골의 모습이 바로 눈앞에 있었기 때문일 것이다.

　다만 한 가지 아쉬운 점이라고는 이곳에 산다는 산염소를 보지 못한 것이었다. 자기가 죽을 때를 미리 알고 높은 절벽으로 올라가 스스로 생을 마감한다는 산염소. 대체 어떻게 죽을 순간을 직감하는 것인지, 또 그곳에서 염소들은 어떤 생각을 할지 괜스레 궁금해졌다.

　우리는 다시 숙소로 향했다. 아쉬움이 남긴 했지만 그것보다 더 아름다운 것들을 보았기에 충분히 만족스러운 하루였다. 그리고 그때였다.

　"얘들아! 저기 산염소가 보여요. 저기 산염소 있어요!"

　약간의 미련조차 남지 않게 하겠다는 듯, 멀리 바위산 위에 서 있는 산염소가 포착되었다. 우리를 위해 사방을 살피던 기사님들의 멋진 결과물이었다. 잔뜩 들떠 소리 지르는 우리에게 자기가 가지고 다니던 쌍안경을 내밀던 우리의 기사님, 토모루. 그분들의 숨겨진 노력 덕에 욜링 암에서는 그 어떤 아쉬움도 남기지 않고 돌아올 수 있었다. 굉장히 충만한 하루다.

사막이었다.
모래가 켜켜이 쌓인 모습을 보고 있으니
이 세상의 것이 아닐 것 같다는 생각이 들었다.

5.
몽골에 온 가장 큰 이유,

고비 사막

몽골과 어린 왕자의
상관관계

　사막이 아름다운 이유는 그곳 어딘가에 샘을 감추고 있기 때문이라고 했다. 처음으로 마주한 몽골의 모습에 가슴이 설렜던 것도, 길게 늘어진 아침 해의 그림자에 마냥 행복했던 것도 이 몽골 어딘가에 고비 사막이 숨겨져 있었기 때문일 것이다.

　그 사막 어딘가에서 동화 속 어린 왕자를 닮은 것들이 나를 기다리고 있을 것 같다는 이유 모를 확신. 앞으로 내가 겪을 몽골 어딘가에는 분명 어린 왕자의 흔적 정도는 남아 있을 것이라고, 바다를 건너고 산을 넘어 사하라 사막에서 이곳까지 흘러들어온 그의 이야기를 만나게 될 것이라고. 매번 여행을 할 때면 꿈꾸곤 한다. 이번 여행지에서는 어린 왕자를 만날 수 있기를, 하는 조금은 허황된 꿈.

　몽골의 바람은 바다를 닮았다. 바다는커녕 사방엔 초원과 모래밖에 보이지 않았음에도 불구하고 살에 닿아오는 공기는 바다의 것처럼 시원하고 청량했다. 아니, 바람뿐만 아니라 내 눈에 보이는 모든 것이 바다를 닮았다. 끝이 보이지 않는 초원과 느리게 흘러가는 듯한 시간. 몽골을 다닐 때면 물속에 들어간 것처럼, 나도 모르게 속도를 줄이게 된다. 그렇게 느리게 걷다가 문득 빠지고 싶을 땐 아무런 고민 없이 마구 잠겨 들고 싶은 곳이다.

8월임에도 불구하고 늦은 가을날의 저녁 시간이 떠오르는 곳이다. 여름 내내 나를 괴롭히던 찝찝한 습기는 온 데 간 데 없고, 건조하고 뽀송뽀송한 느낌만이 온몸을 휘감았다. 물 먹은 솜이불 같던 한국의 공기와는 완전히 딴판이다.

낯선 공기를 품에 안고 목적지를 향해 달리는 길. 떠나왔기 때문에, 그리고 내가 떠나왔음을 비로소 실감하게 되었기 때문에 별것 아닌 풍경들을 봐도 마음이 벅차고 행복하다. 앞으로 펼쳐질 일들은 내가 지금까지 경험하지 못한, 완전히 새로운 것들이라는 생각에 더더욱 신이 난다. 즐거운 여행의 시작.

고비 사막과 낙타

내가 몽골에 온 가장 큰 이유, 고비 사막. 노래하는 모래 언덕이라는 의미의 '홍고링 엘스'.

드디어 고비 사막으로 가는 날의 아침이 밝았다. 오직 고비 사막을 보기 위해 몽골 여행을 결정한 나이기에 이날의 일정은 내게 그 어떤 것보다 의미 있는 것이었다. 따뜻한 물이 나오는 숙소와 너무나도 좋았던 게르. 전날 쌓인 피로를 깨끗하게 풀고 다시 푸르공에 올라탔다. 오늘은 가져온 앰프에 휴대폰을 연결해 노래를 들으며 일정을 시작했다. 기분 좋은 날이다.

우리의 사진에 대한 열정은 식을 줄을 몰라서, 화장실을 가기 위해 잠깐 멈췄던 초원 위에서도 사진을 찍곤 했다. 보아하니 날씨가 흐려질 모양이라 맑을 때 최대한 찍어두자는 생각이기도 했었다.

셀프 웨딩 사진을 찍는다는 두 분의 여행을 옆에서 지켜보다 보니 문득 사랑하고 싶다는 생각이 들었다. 연애를 하고 싶다거나, 데이트를 하고 싶은 게 아니라 그냥 사랑을 하고 싶은 날이었다. 아직은 연애를 할 마음도 없고 결혼할 마음은 더더욱 없지만 언젠가 누군가를 만나게 된다면 저렇게 연애하고 또 살아가고 싶다.

누군가를 사랑하는 내 모습이 기껍고, 어떤 것을 사랑할 때의 마음이 좋다. 어떤 것에 대한 애정을 가진다는 건 사람을 행복하게 한다. 적어도 내가 가진 애정은 그렇다. 내가 그 사람을, 어떤 무언가를 사랑한다는 사실만으로도 뿌듯하고 든든한, 그런 것.

우리는 밥을 먹기 위해 어딘지 모를 돌산들 앞에 잠깐 멈춰 섰다. 오늘의 점심은 라면. 몽골에서 처음 먹는 라면이었고, 그것이 완성되기를 기다리며 바닥에 떨어진 산염소의 뿔을 들고 신나게 놀기 시작했다.

뿔을 들어 머리에 얹기도 하고 가져온 우산이나 꽃다발을 소품으로 쓰기도 하며 초원 이곳저곳을 뛰어다녔다. 일행 모두에게 산염소의 피가 흐르는 듯했다. 뿔을 번갈아가며 들고 마구마구 발을 굴렀다. 희한하게도 그런 게 참 재미있었다.

그렇게 놀고 있으니 어느새 비를 쏟을 듯 무거워진 구름이 하늘을 가득 채웠다. 하늘에는 뭔지 모를 새 두 마리가, 옆으로는 산염소 두 마리가 돌아다니는 장소에서의 식사였다. 날은 흐리지만 그래, 어쩌면 낭만적일 수도 있겠구나.

세상에서 제일 싫어하는 날씨를 머리 위에 두고 지금까지 먹어 본 라면 중 제일 싱거운 라면을 먹었지만 그럼에도 불구하고 우리는 실컷 웃으며 식사를 마무리했다. 마음이 들뜬 날, 지나가는 낙엽만 봐도 웃음이 나오듯 식탁 위에 올라온 사과 두 개를 보고 깔깔대던 우리. 참 놀 것 없고, 심심한 곳도 우리의 여행 안에서는 그 어떤 장소보다 멋있고 즐거운 곳으로 포장되곤 했다.

식사를 마치고 이동하는 길, 고비 사막이 점점 가까워진다. 차에 올라 멍하게 바깥을 바라보고 있는데 멀리 황금빛으로 빛나는 사막이 보이기 시작했다. 내가 생각하던 것보다 훨씬 넓었고, 생각하던 것보다 더 뜬금없이 등장했던 모래사막. 태어나서 처음 보는 사막의 모습에 잠깐 할 말을 잊었다.

사막에 대해서 하고 싶은 말은 많지만 그건 조금 더 지난 후에 말하기로 하자. 표현을 아끼고 싶을 만큼 행복한 순간이었고, 표현을 아끼길 잘했다는 생각이 들 정도로 낭만적이었다. 사막의 앞으로 비가 쏟아지고 있었음에도 불구하고 그 아름다움은 여전했다. 그래서일까, 나는 조금 들떠 있었던 것 같기도 하다.

우리는 조금씩 사막에 가까워졌다. 고비가 다가옴을 알리듯 여기저기 낙타들이 돌아다녔고 비구름이 언뜻언뜻 나타나 푸르공의 창문을 적셨다. 빗방울이 떨어지는 게 괜히 불안해 마음이 초조해졌지만 다행히, 게르 캠프에 도착하니 비는 그쳐 있었다.

그리고 사막이었다. 모래가 켜켜이 쌓인 모습을 보고 있으니 이 세상의 것이 아닐 것 같다는 생각이 들었다. 어쩌면 합성, 아니면 그림. 거친 땅과는 달리 금색 비단을 깔아놓은 듯 부드러워 보이기만 하는 사막인지라 이질감이 더 컸다.

게르에 도착한 후 모자가 바람에 날아가지 않게 모자 끈으로 머리를 단단히 묶었다. 양 갈래는 여행지에서나 해 볼 수 있는 머리였기에 더더욱 기꺼웠다. 새로운 머리 스타일 덕분인지, 마음속에 산뜻한 바람이 불었다.

그리고 사막이었다.
모래가 켜켜이 쌓인 모습을 보고 있으니
이 세상의 것이 아닐 것 같다는 생각이 들었다.

바로 낙타 타기 체험이 이어졌다. 조심스럽게 낙타에게 다가가 그 위로 올라앉았다. 무신경하게 스윽 고개를 돌린 낙타가 주인의 손짓에 따라 다시 덜컹하고 일어났다. 느껴지는 진동에 식겁했지만 큰 소리를 내면 안 된다고 해서 비명을 꾹 참고 눈을 감았다. 그렇게 잠깐 감았던 눈을 뜨니 낙타는 완전히 바로서 있었고 평소의 것보다 높아진 시야가 대번에 느껴졌다.

높은 곳에서 보는 풍경은 사뭇 낯설었다. 위아래로 흔들리는 것도 신기했고, 살아 있는 동물을 타고 있다는 것도 놀라웠다. 손잡이를 잡은 손 아래로 낙타의 체온이 옅게 느껴져 이 아이가 살아 있는 생명체구나, 하는 것도 다시금 깨달았다. 그래서 더 고민되었던 것 같다. 이 체험을 하지 않았어야 하는 것은 아닌가. 체험은 즐거웠지만 마음이 조금 무거웠다.

어쨌든 그렇게 잠깐 체험하듯 낙타 위에 올라 바라보았던 고비 사막은 참으로 아름다웠다. 넓은 초원 위에 솟아오른 모래언덕, '홍고링엘스'. 그 이름 자체가 하나의 형용사가 될 수 있을 것이라 생각될 정도로 아름다운 곳이었다.

고비를 오르다

"꿈을 꿀 수 있다는 건 좋은 거야."

아마, 사막을 뒤에 두고 그런 이야기를 나누었던 것 같다. 나에게 이런저런 이야기를 해주던 일행의 목소리가 귀에 선하다. 그래, 나는 아직 꿈을 꾸고 있구나. 노력한다면 언젠가, 무엇이든 이룰 수 있겠구나.

고비는 정말 높았다. 한참을 기어올라가야 겨우 도착할 법한 높이 앞에 괜히 기가 죽었다. 까마득한 고비의 꼭대기를 바라보니 올라야겠다는 도전 정신보단 오를 수 있을까 하는 걱정을 담은 한숨이 튀어나왔다.

야트막한 아래쪽과는 달리 경사가 심한 위쪽에는 사족보행을 하고 있는 사람들의 모습이 보였다. 굳이 노력하지 않아도 자연스럽게 저렇게 될 것이라고, 위로인 듯 위로 아닌 위로 같은 말들이 사방에서 쏟아졌다.

부드럽게만 보이는 사막 위에 두 발을 얹고 사막의 경사를 따라 난 사람들의 발자국을 잠깐 바라보았다. 작은 발자국들이 모여 하나의 길을 만든 것 같은 모양이었다.

사막을 오르는 건 힘든 일이었다. 한 발 내디디면 반 발 미끄러지는 탓에, 열심히 발을 놀려도 그 자리가 그 자리고, 저 자리가 저 자리일 뿐이었다. 어느 세월에 저기를 다 올라가나, 하고 고민하다가 결국 마음을 편하게 먹기로 했다.

몇 년 전 수능이 끝나고 찾았던 네팔에서 트레킹할 적에 이와 비슷한 상황을 겪은 적이 있었다. 다른 점을 찾자면 그곳엔 모래가 아닌 눈이 잔뜩 쌓여 있었다는 것뿐. 오르면 다시 미끄러지던 그곳에서 눈보라와 함께 고산병을 맞이했다. 체력은 이미 떨어질 대로 떨어진 후였다. 심장이 쿵쾅대고 머리는 어지러웠지만 내려가다가 죽을 수도 있을 것 같다는 생각에(실제로 그렇게 위험하진 않았다) 다시 꼭대기를 바라보며 발을 옮겼던 날. 내 인생 처음으로 그런 고생을 해보았다고 해도 과언이 아닐 정도로 힘겨운 도전이었다.

그때의 일들이 다시 새록새록 떠올랐다. 열 걸음 걷고 5분 쉬고, 열 걸음 걷고 또 5분 쉬며 천천히 걸음을 옮겼던 것, 죽을 만큼 힘들었지만 죽자 살자 올라간 곳에서 참 놀라울 만큼 아름다운 풍경을 보았던 것, 그리고 결국 최종 목적지를 앞에 두고 포기한 채 돌아서야만 했던 아쉬운 순간들까지. 마음 같아서는 "힘든 여행, 체력적으로 지치는 여행은 하지 않겠다"라고 외치며 다 때려치우고 퍼질러 앉고 싶었지만 그때를 생각하며 다시 기어올라가기 시작했다.

다행히 앞서간 사람의 발자국이 남아 있었다. 미끄러운 모래 위에 사선으로 나 있던 발자국들에 내 발자국을 덧씌웠다. 아무것도 없는 곳에서의 시작은 더디고 힘든 법이다. 발자국을 남겨 준 누군가에게 감사의 인사를 전하며 남의 발자국을 따라 위로, 조금 더 위로. 점점 사막의 꼭대기가 가까워진다.

잔뜩 지친 얼굴로 기어올라오는 나를 본 사람들이 셀카봉을 길게 뽑아 아래로 내려주었다. 마치 하늘에서 동아줄이 내려오는 기분이 들었다. 해와 달이 된 오누이처럼 셀카봉에 매달려 끙끙대는 내 모습에 사람들이 웃기 시작한다. 그러더니 힘을 주어 나를 끌어올렸고, 조금은 수월하게 목표했던 사막의 꼭대기에 도착했다. 그들은 나를 보고 계속해서 웃음을 흘렸다. 꼴이 조금은 우스웠나보다. 괜히 머쓱해져 따라 웃곤 사방을 둘러보았다. 놀랍게도 일행 중 가장 먼저 꼭대기에 도착한 사람이 바로 나였다. 그제야 여유가 생겨 아래를 바라보며 신나게 외쳤다. 얼마 안 남았노라고. 조금만 더 힘내 보라고. 그 누구에게도 내 외침은 들리지 않는 것 같았지만, 그래도 몹시 신이 났다.

뒤쪽으론 황금색 물결이 너울댔다. 나는 오로지 이 풍경을 보기 위해 이곳에 왔다. 그래, 내 몽골 여행의 이유가 다른 무엇도 아닌 고비사막임이 행복한 순간. 내가 사랑했던 풍경, 그리고 사랑하게 된 풍경. 단 한 번도 보지 못한 풍경에 잠겨 내 주위로 잔뜩 흩어진 행복을 주워 담기 바빴다.

마음속에 채우고 또 채워도 부족할 만큼 가슴 설렜던 고비, 오로지 모래뿐인 이 풍경에 잔뜩 벅차올랐던 나의 하루. 아주 고운 찰흙으로 빚어 둔 것 같은, 혹은 황금을 녹여 부은 것 같은 사막이 사방에 흘러내

리고 있었다. 살짝 걷힌 구름 사이로 태양이 얼굴을 내밀고 온 세상이 햇빛을 받아 잔뜩 반짝였다.

그런 곳에서 먹는 주먹밥은 꿀맛이었다. 뒤이어 일행들이 도착하고, 가이드 언니에게서 아래에서 준비해 왔다는 주먹밥을 건네받았다. 차게 식은 밥을 입에 넣으면서 "베리 베리 굿!"을 외쳤던 우리는 이미 고비의 마법에 잔뜩 홀린 상태였을 것이다. 그 어떤 것을 보아도 기분 좋고, 그 어떤 것을 먹어도 맛있는 마법. 시간이 지날수록 점점 더 들뜨게 되었던 이상한 순간들.

이런 것들이 마법이 아닐 리가 없다. 이게 마법이 아니라면 내가 이렇게 행복하고 든든할 이유가 없다. 고생이란 고생은 사서하고 있으면서, 지금 이 순간 세상에서 제일 행복한 사람은 바로 나일 것이라고 생각할 수 있을 리가 없을 것이다. 그러니까 이것은 마법 같은 순간이 아닌 정말 마법이었음에 틀림이 없다.

사막 너머로 해가 뉘엿뉘엿 저물어갔다. 햇빛 덕분에 고비는 여러 색깔로 물들어 변하곤 했는데, 그 모습이 자연스러워 더더욱 빠져들었다.

챙겨온 스카프를 활짝 펼쳐들고 사막의 해 지는 모습을 바라보았다. 어린 왕자가 슬플 때면 늘 바라보곤 했다는 일몰이 내 눈앞에 펼쳐졌다. 나는 몽골에 와서야 어린 왕자가 본 것과 같은 풍경을 바라볼 수 있게 된 것이었다. 언젠가는 꼭 사하라 사막에 가보고 싶다. 그곳에서 만나게 될 어린 왕자의 흔적이 더더욱 기대된다. 그 먼 곳에서부터 이곳까지 흘러들어온 그의 추억들을 조금이나마 함께 공유하며 나는 또다시 행복해졌다.

해가 사막에 걸릴 때쯤 모래는 빠르게 식어 내렸다. 뜨끈하던 것이 마치 거짓이었다는 듯 발에 닿는 모래가 순식간에 차가워진다. 흘러가는 시간이 아까워 아래로 내려간 해를 하염없이 바라봤지만 이미 땅과 만나버린 태양은 바쁘게 제 갈 길을 갈 뿐이었다.

우리는 실컷 뛰어놀았다. 구경을 하다가, 반대편 피크로 기어올라가기도 하고 사진을 찍기도 했다. 온 사방으로 뛰어다니는 나와 친구를 옆에서 바라보던 일행들의 입가엔 미소가 가득했다. 이런 시선을 받아본 것이 오랜만이라 새삼 신기했다. 마음속에 깃털이 들어온 듯 간질거렸다.

사방이 어두워질 무렵에서야 우리는 사막을 내려왔다. 올라가는 건 한참 걸렸는데 내려오는 건 금방이었다. 펄쩍펄쩍 점프를 하니 마치 스키를 타고 있는 것처럼 쑥쑥 잘도 미끄러진다. 신나게 소리 지르며 사막을 질주하는 길, 모든 것이 웃겨서 한참을 웃었다. 뭐가 그렇게 재미있었는지는 모르겠지만 온 세상에 즐겁지 않은 것이 없었다. 발가락 사이사이로 흘러 지나가는 모래알이, 어둠이 내린 사막이, 내 주변을 감싼 몽골의 공기가, 우리가 함께하는 이 모든 순간이 행복하기만 했다.

이미 어두워진 상태라 사막의 아래쪽엔 우리뿐이었다. 우리는 너나 할 것 없이 가사도 음정도 엉망진창인 노래들을 불러댔다. 한 명이 노래를 시작하면 뒤에 내려오던 다른 사람이, 또 그다음에 내려오던 사람들이 함께 노래를 시작했다. 즉석으로 개구리 합창단을 결성한 양 열창을 하고 다시 깔깔거리기를 반복하던 날, 대체 왜 이런 행동을 하고 있는지도 모른 채 그저 분위기에 잔뜩 잠겼던 우리. 언제 다시 이렇게 엉망으로 노래 불러볼 수 있을까.

많은 이야기를 나누었다. 친구와 나, 우리가 생각하는 각자의 미래. 여전히 생각할 것도, 고민할 것도 많은 우리였지만 고민할 수 있기에 다행이라는 생각이 문득 들었다.

게르로 돌아와 늦은 저녁을 먹고, 일기를 쓰다 나도 모르게 잠들었다. 어렴풋이, 어린 왕자와 만나는 꿈을 꾸길 기도하며 꿈속으로 잠겨들었다.

고비 사막을 바라보며
너를 떠올렸다

무언가가 떠오르는 풍경들이 있다. 어떤 인물이, 캐릭터가, 물건이, 그와 얽힌 이야기가.

어린 왕자의 밀빛 머리가 떠오르는 곳, 홍고링 엘스. 나는 이곳에서 어린 왕자를 만났다. 몽골에 온 이후의 매일매일은 어린 왕자를 찾고 대화하는 시간들이었다. 너는 이런 풍경을 본 적이 있느냐고, 친구가 되어 달라고 외쳤던 돌산이 혹시 이런 곳은 아니었냐고. 네가 다시 이곳에서 친구를 찾고 있다면 이번엔 내가 메아리가 되어 너에게로 가겠노라고.

여우가 사랑하는 어린 왕자의 밀빛 머리카락이 아련히 비치는 이곳에서 나는 여우가 되었다가, 장미가 되었다가, 또 가끔은 어린 왕자의 주변을 둘러싼 공기가 되기도 했다.

내가 바라본 사막은 황홀할 만큼 아름다웠다. 그 속에 숨겨진 것이 한때 파일럿에게 보내주었을 어린 왕자의 미소일지, 친구가 있는 곳에 남겨 두고 간 그의 한 조각 마음일지, 아니면 먼 길을 떠난 친구를 그리워하는 여우의 슬프고도 아름다운 기다림일지 알 수는 없지만 눈에 보이지 않는 것들이 모여 사막의 풍경을 더 아름답게 꾸미고 있다는 것만큼은 확실히 알겠다. 내가 바라보는 것이 눈물 나게 아름답다는 것은, 내게 소중하고 귀한 것들이 그 안에 숨어 있기 때문임을 우리 모두는 알아야만 한다.

너무나도 행복했던 순간과 짧은 만남. 그래서 멀어지는 사막이 더 아쉬웠나 보다. 거기서 그럴싸한 밤하늘 한 번을 보지 못한 게, 어린 왕자가 그를 그리워할 친구들에게 선물한 아름다운 별들의 향연을 바라보지 못한 게. 웃을 줄 아는 방울들이 미친 듯이 보고 싶은 날, 당장 짐을 싸고 사하라 사막으로 날아갈 수 있는 삶을 살아가기를.

너무나도 행복했던 순간과 짧은 만남.
그래서 멀어지는 사막이 더 아쉬웠나 보다.

불타는 절벽,
바양 작으로 가다

바양 작으로 향하는 날의 아침엔 날씨가 좋았다. 전날과는 달리 맑게 갠 하늘이 나를 반겼고, 우리의 앞으로 보이는 고비 사막에는 이른 아침 햇살이 쏟아지고 있었다.

금가루를 뿌려 놓은 양 반짝이는 고비 사막. 마치 보물찾기의 수수께끼 속 장소인 것 같다는 생각이 들었다. 세상에서 가장 큰 황금이 나타나는 시간과 위치, 뭐 그런 수수께끼 말이다. 그런 질문을 던지는 보물 지도를 발견한다면 나는 망설이지 않고 오전 7시의 고비 사막을 정답으로 꼽을 것이다.

사막 위로 구름의 그림자가 내렸다가 또 흩어지곤 했다. 이 세상에서 가장 크고 아름다운 황금의 옆에 하루도 채 머무르지 못하고 떠나야한다는 것이 아쉬웠다. 내가 가장 사랑하는 《어린 왕자》의 장면 중 하나는 그가 파일럿에게 웃을 줄 아는 별들을 선물하는 것이었기에 아쉬움은 더 컸다. 맑은 날 밤이면 어김없이 들려오곤 하던 별들의 속살거림을 이곳에서도 들을 수 있으리라 기대했기 때문에 더더욱 아쉽기만했다.

햇살에 황금빛으로 빛나던 사막이 자잘한 별빛에 잠기는 모습을 보지 못한 채 떠나야만 한다니. 다시 돌아오라는 하늘의 계시인 것일까.

아침을 먹고 오래간만에 만나는 듯한 햇살을 만끽하며 오늘의 목적지인 바양 작으로 이동했다. 여행이란 무릇 이동과 이동의 연속인 법이지만, 몽골 여행만큼 이동이 잦은 여행도 아직까진 만나보지 못했다. 하루에 적게는 다섯 시간, 많게는 일곱 시간까지 차를 타고 달리다 보면 멀쩡한 사람도 멀미를 시작하곤 한다. 그럴 정도이니 애초에 멀미가 심한 나는 어느 정도였을까. 아니나 다를까, 나는 지난밤의 여파와 멀미의 습격으로 인해 반쯤 기절한 채 푸르공에 실려 계속해서 초원을 달렸다.

쓰러져 죽은 동물의 모습이 옆쪽으로 보여도, 잠깐 멈춘 푸르공 옆으로 슬금슬금 다가온 낙타가 창문을 통해 안을 구경하고 있어도 움직일 수가 없었다. 이동하는 시간을 요령껏 잘 사용해보겠다는 다짐은 온 데 간 데 없이 오로지 취침만을 외치는 내 본능만이 남았다. 그렇게 자고, 자고, 또 자다가 한참의 시간이 지날 때쯤에서야 정신을 차렸다.

오랜만에 들른 마을에서 한국의 사람들과 잠깐 연락을 했다. 어느 모임에 나올 수 있느냐는 연락부터, 개인적인 안부까지 이런저런 소식들이 많았다. 물론 데이터는 개미가 마라톤 하는 속도로 터지곤 했기에 원활한 연락은 불가능했다. 잘 지내고 있노라고 대충 이야기해둔 후 다시 연락을 차단했다.

나는 이런 상황이 꽤 기꺼웠다. 한국에 있을 때면 끊임없는 연락에

스트레스를 받곤 했다. 그래서 나는 여행지에서는 늘 반쯤 고의로 휴대폰을 꺼 두었었고 그럴 때마다 약간의 해방감을 느꼈다. 보아도 못 본척, 여행이 바빠 보지 못했다거나 하는 핑계는 충분히 있으니 지금은 오롯이 나만의 시간을 즐길 때였다. 여행지에 와서까지 그런 허례허식에 묶여 지내고 싶지는 않았다.

잘 지내는 척, 부럽지 않은 척, 바쁜 척, 어쩌면 기쁜 척까지. 온갖 것들을 흉내 내며 '잘 지내고 있는 나'를 뽐내기에 여념이 없었기에 여행지에서만큼은 그런 것들로부터 자유롭고 싶었다. 그래서 나는 종종 여행에 대한 욕구가 마음 깊은 곳에서부터 끓어오르곤 한다. 주로 도피를 위한 여행이 필요할 때 그렇다.

이번 여행은 도피를 위한 여행에 가까웠다. 개강이 다가온다는 사실, 관계로부터 비롯된 수많은 스트레스, 그리고 또 여행지가 사무치게 그리웠던 나의 마음으로부터 도피하기 위한 선택.

그렇게 떠난 곳에서 좋은 사람들을 만났다. 좋은 사람들과 함께 여행하며 웃고 떠드는 동안, 애써 잊으려 했던 것들을 자연스레 잊게 되었다. 도피를 위한 여행에서 얻을 수 있는 것이란 고작 그런 것들에 불과했다. 그러나 고작 그런 것들이라 할지라도 잊게 된 순간만큼은 그 모든 것들로부터 자유로웠다.

그렇게 자유로움을 만끽하다 보면 이 여행이 끝난 후 다시 마주해야 할 것들을 버텨낼 수 있는 유예 기간이 조금씩 늘어나곤 했다. 여행의 끝에서 또다시 내가 잊고자 했던 것들을 마주하게 될지라도 당분간

아이들은 기념품들을 하나하나 가리키며
자기가 직접 만든 것이라고 외쳐댔다.

은 그것들을 온전히 받아들일 수 있게 되었다는 의미이기도 했다. 그렇게 살다가 또다시 힘겹다는 생각이 들 때면 그때 다시 훌쩍 여행을 떠나면 될 일이었다. 내 여행이 가지는 의의가 오직 그것뿐이라 하더라도 충분히 좋은 것 아니겠느냔 생각이 들었다.

이어지던 생각에 끝이 찾아올 무렵, 우리의 이동에도 끝이 찾아오고 있었다. 온통 붉은색으로 가득 찬 바양 작에 도착한 것이었다. 유명한 관광지임을 알리듯 곳곳에 작은 좌판이 보이고 그 뒤에는 그것보다도 훨씬 작은 아이들이 서서 기념품을 팔고 있었다.

아이들은 기념품들을 하나하나 가리키며 자기가 직접 만든 것이라고 외쳐댔다. 고사리 같은 손을 꼼지락대며 낙타 인형의 털을 쓰다듬고, 양 인형의 머리를 정리하는 모습이 참 예뻤다. 그 모습이 인상 깊어 너희의 사진을 찍어 주어도 되겠느냐고 물으니 지금까지 본 것 중 가장 환한 미소를 지으며 고개를 끄덕였다. 이런 일이 흔하지 않은 일 중 하나였는지 이내 호기심 가득한 아이들의 시선이 모이고, 그 뒤에는 수줍어하는 아이들을 부추기는 어른들의 모습도 보였다.

폴라로이드 사진을 뽑아 아이에게 건네니 아이의 엄마가 무어라 말을 건다.

"어린 동생들이 있대요. 사진을 찍어줄 수 있겠냐는대?"

"오브 코스(Of course)" 하고 외치니 기다렸다는 듯 어디론가 가서 동생들을 줄줄이 데리고 돌아왔다. 내 가슴께에 올까 말까 한 아이가 자기보다 어린 막냇동생을 익숙하게 품에 안고 나오는 것이 사뭇 낯설

었다.

그러나 함부로 동정하진 말아야 하겠다. 아무것도 해줄 수 없는 나이기에 더더욱, 그들의 삶을 동정할 자격은 없다는 생각이 들었다. 그저 지금 이 순간 내가 해줄 수 있는 것을 하자. 그렇게 속으로 되뇌며 아이들을 더 정성 들여 카메라에 담았다. 인화된 사진을 다시 아이들에게 건네주며 그들의 삶이 행복하기를 바랐다.

그리고 다시 바양 작. 하늘은 푸르렀고 땅은 붉었다. 어울리지 않을 것 같던 두 가지의 색깔이 기가 막히게 잘 어울리는 곳이었다. 그리고 생각보다 한국인이 많이 보이기도 했다. 그곳에 있는 대부분의 사람들은 한국인이었고, 괜히 민망해짐을 느꼈다. 아닌 척하면서 서로가 서로를 의식할 때의 분위기란 언제나 미묘한 법이다.

대개 이런 여행지는 사진 포인트가 있기 마련인지라 우리도 그것을 찾아 열심히 헤맸다. 큰 고생할 필요 없이, 돌아보는 곳마다 멋진 풍경이 가득했다.

바닥에 굴러다니는 저 돌덩어리가 사실 화석일지도 모른다는 우스갯소리를 나누며 한참을 걸었다. 어디로 빠지거나, 혹은 돌아갈 필요 없이 평탄하고 아름다운 곳이었다. 이렇게 불타오르는 곳 너머로 지는 태양을 바라보는 것도 무척이나 멋있을 것임에 틀림이 없다. 어쩌면 황량해 보일 수도 있는 장소이기에 아름다움보단 외로움을 먼저 느낄 수도 있겠지만, 그것조차도 언젠가는 다시 아름다운 순간으로 기억될 것임을 믿어 의심치 않는다.

바닥 이곳저곳엔 볼 만한 것들이 꽤 있었지만 이제 나는 이런 것들에 놀라워하진 않는다. 어쩌면 이제 뭐가 튀어나와도 놀라지 않을 수 있을 정도로 마음이 단련된 것일지도 모른다. 몽골에서의 여행이 5일 차에 접어든 날의 오후였다.

광활한 풍경, 아름다운 초원, 황량한 몽골의 모습까지. 많은 것을 보고 느끼다 보니 도마뱀 정도야 모기보다 조금 덜 성가신 정도의 존재로 밖에 여겨지지 않았다. 행여나 걷다 밟게 되진 않을까 노심초사하게 되는 것만 제외하면 별로 거슬리지조차 않는 것들. 너 또한 몽골이겠거니, 그런 생각을 하며 도마뱀을 저 멀리 쫓아냈다. 빠르기를 보아하니 걷다가 나도 모르는 새 밟을 일은 없겠다 싶었다.

우리는 바양 작에서 꽤 많은 사진을 찍었다. 그러다가 어느 순간부터는 찍는 것을 그만두고 풍경을 보거나 혹은 다른 곳으로 걷기만을 반복했는데, 비슷한 풍경의 연속인 이곳이 왠지 모르게 마음을 편안하게 해줬기 때문이다. 어디를 봐도 불타는 듯 붉은 바위들의 향연이 질릴 것 같으면서도 질리지 않았다. 질리지 않다고 말하기엔 사방에 죄다 비슷한 풍경들이었지만 질린다고 말하기엔 그 풍경이 내가 가늠할 수 없을 정도로 광활했기 때문이다.

우리는 바닥에 주저앉아 멀리 보이는 절벽을 바라보았고, 또 그렇게 앉아 이야기를 나누기도 했다. 일행들이 이야기를 나누는 동안 나는 그들이 바라보는 절벽을 향해 걸어보았다. 그렇게 우리는 모두 각자의 방법대로 바양 작을 담았다.

다시 돌아가는 길, 나는 결국 나를 유혹해 오던 기념품들의 매력에

굴복했다. 반짝반짝 예쁘게 빛나던 돌멩이와 작은 낙타 열쇠고리를 구입했다. 참 한심한 소비가 아닐 수 없다고 외치는 이성 따위 저 멀리 날려버린 채 예쁜 게 남는 것이라고 외치는 본능의 손을 번쩍 들어 준 결과였다.

원, 투, 쓰리, 포!

나는 '넘버 원'이었다.

다른 게 아니라, 샤워실 번호가 '넘버 원'이었다는 소리다. 몽골에는 물이 귀하다지만 여행자 캠프에는 어느 정도의 샤워 시설이 갖추어져 있는 경우가 많았다. 그러나 따뜻한 물이 콸콸 쏟아져 나오는 샤워실은 찾기 어려웠기에, 나는 종종 물티슈 세수와 드라이 샴푸 칠을 했다.

셋째 날이었던가, 둘째 날이었던가. 하여튼 여행을 시작한 초반 즈음에 아주 좋은 게르 캠프에 묵었던 적이 있었다. 바로 전날 묵었던 게르는 샤워는커녕 불조차 들어오지 않던 아주 열악한 환경이었고 그 전날엔 비행기에 타고 있느라 씻지를 못 했기에, 한 3일 정도를 씻지 않은 꼬질꼬질한 모습으로 돌아다녔다. 지급받은 물로 양치를 하는 것이 단장의 전부였다. 이번 캠프엔 샤워실이 아주 잘 갖추어져 있다는 이야기를 들은 우리들은 캠프에 도착하자마자 곧장 샤워실을 찾았다.

꼬질꼬질한 일정을 함께했던 옷을 훌딱 벗어던지고 냅다 샤워실에 들어갔다. 샤워 부스는 딱 네 개였고 우리도 네 명이었기에 각자 샤워

부스 하나씩을 차지하고 따뜻한 물에 묵은 때를 씻어냈다. 고작 사흘 제대로 못 씻었다고 개운한 비누향이 반갑게 느껴졌다.

가장 첫 번째 칸에 있던 나는 '넘버 원'이었고, 나머지 일행은 각자 넘버 투와 쓰리, 포가 되어 샤워실 안에서 지령을 전달했다. 넘버 포! 넘버 원이 샴푸가 없네! 넘버 쓰리! 내가 샴푸 위로 줄 테니까 넘버 원한테 전해줘! 뭐 그런 식의 지령들.

뭐가 그렇게 재미있었는지는 모르겠다. 우리는 서로를 숫자로 불러대며 한참을 웃었다. 개중 가장 이름이 많이 불린 사람이 바로 나였을 것이다. 왜냐하면 나는 아예 못 씻을 상황을 가정하고 왔기에 샴푸나 린스 같은 것을 거의 챙겨오지 않았기 때문이었다. 그렇게 넘버 투, 쓰리, 포는 불쌍한 넘버 원을 위해 자신들이 가지고 온 각종 비누들을 나누어주었다.

나는 그 외에도 참 많은 것들을 빌려 썼다. 건조한 공기를 대비해 가지고 온 알로에 수분 팩이라거나 파스 같은 것들. 생각보다 챙기지 않은 것이 많아 나는 일행들의 물건을 축내는 것에도 넘버 원이었던 것 같다. 참 잘 어울리는 별명 아닌가.

어쨌든 그 이후에도 우리는 종종 샤워를 했다. 그러나 그때만큼 좋은 숙소는 없었기에, 가끔은 차가운 물로 몸을 씻어내야 했고 또 가끔은 샤워를 하다 물이 떨어져 비누칠을 한 채 바깥의 사람들에게 애타게 도움을 요청하는 사람들도 만났다.

게르 캠프에는 한국인이 참 많았고 물이 안 나온다며 외치던 사람들 또한 한국인이었다. 우리는 곧장 '조금만 기다리세요!' 하고 외친 후 큰 사명을 띤 것처럼 밖으로 뛰어나와 주인아주머니를 불렀지만, 몽골어와 한국어 사이엔 너무 큰 갭이 있었다. 온몸으로 물이 안 나온다는 것을 설명하다가 가이드 언니를 부르는 게 훨씬 빠른 방법임을 깨달았고 그렇게 가이드 언니의 등장으로 일은 대충 해결이 되었다.

커다란 정수기 물통을 씻고 있는 사람들에게 무사히 전달해준 넘버 원은 뿌듯함을 느끼며 자신의 샤워를 포기한 채 꾸물꾸물 침낭으로 파고들었다. 게으르기로도 넘버 원이었다.

천둥 번개 치던
몽골의 날씨

비가 오는 밤, 게르 안으로 떨어지기 시작한 빗줄기에 놀라 이사를 시작한 건 태어나서 처음 하는 경험이다. 게르가 침수될 위기에 처해 정신없이 방을 옮겼다. 그러니까, 지금 이 상황이 참 기가 막힌단 소리였다.

우리의 여행은 늘 비와 함께였다. 단 하루도 빠지지 않고 비구름을 보았다. 가까이 있든, 멀리 있든 하루에 한 번씩은 꼭 보았던 비구름. 회색 구름 아래로 떨어지는 회색 빗물의 모습에 익숙할 대로 익숙해진 상태였다.

바양 작을 구경한 이후에도 상황은 마찬가지였다. 맑던 하늘에 구름이 한두 점씩 나타나기 시작했다. 왠지 모르게 답답한 날이었다. 평소와는 달리 비가 쏟아지기를 바랄 정도로 갑갑했다. 마침 마련되어 있는 샤워실에 들어가서 차가운 물로 샤워를 했다. 몸에 닿아오는 차가운 물에 도도록하니 소름이 돋았지만 그럼에도 불구하고 개운했다. 마음 어딘가에 쌓인 먼지가 조금은 씻겨 내려가는 기분이 들었다.

이유 없이 답답한 날이 있다. 뭐가 답답한지는 잘 모르겠지만 목구멍이 꾹 막힌 것 같은 기분에 뭘 먹어도 체할 것 같은 순간들. 마음의 무게가 1그램쯤 무거워진 것 같은 날. 그럴 때면 무엇을 씻어내야 할지 몰라 몸을 괜히 더 문질러 씻는다. 그렇게 열을 식히듯 찬물을 잔뜩 뒤집어쓰면 갑갑한 기분이 조금은 나아지는 것 같기도 하다.

우리의 식사는 게르의 바깥에 준비되었다. 점점 몰려오는 구름이 사방을 감싸기 시작했지만 바람은 그리 많이 불지 않아 밖에서 함께하기에 딱 적당한 날씨이기도 했다. 새콤한 김치가 가득 든 제육볶음을 한 입 가득 넣고 우물대는 틈틈이 웃고 떠들어댔다. 그리 중요치 않은 이야기들을 늘어놓았다. 잠시간 순간을 꾸미고 공기 중으로 흩어지는 것으로 제 역할을 다할 법한 이야기들 말이다. 가령 어떤 모습들이 재미있었다거나, 혹은 오늘은 왠지 맥주가 먹고 싶다는 말들이었다.

가벼운 이야기가 우리 사이를 가볍게 맴돌고 또 공기 중으로 가볍게 흩어졌다. 이야기들이 흩어진 자리엔 다른 이야기들이 들어서고 다시 흩어졌다. 붙잡을 이유도, 붙잡고자 하는 마음도 없던 순간이었다. 시간이 흘러가는 것조차 몰랐기에 흘러간 시간에 대한 아쉬움은 없었다.

그렇게 한참을 떠들던 동안 하늘엔 구름이 쌓이다 못해 잔뜩 무거워지고 있었다. 한쪽엔 맑은 하늘이, 그리고 조금 옆엔 검게 물든 구름이 공존했다. 층층이 쌓인 검은 구름은 무게를 버티다 못해 결국 비가 되어 땅으로 쏟아졌다. 그래, '쏟아지기' 시작했다.

하늘에 구름이 뚫린 것처럼 비가 내렸다. 마치 회오리바람이 하늘

땅이 얼마나 넓으면 비 한 줄기 맞지 않고도
저 멀리 떨어지는 번개를 구경할 수 있을까?

로 솟구치고 있는 것 같은 착각에 빠질 정도로 비가 거세게 쏟아졌다. 우리가 앉아 있는 이곳을 제외한 대부분의 곳에 비가 내렸고, 놀랍게도 그 두꺼운 구름들 사이로 햇살이 함께 스며들었다. 공존할 수 없을 것 같은 것들이 공존하던 하늘. 검은 구름을 빛의 베일이 가르고 있는 것 같은 풍경에 잠시 할 말을 잃었다.

그리고 그 순간 온 세상을 커다랗게 울리는 천둥소리가 들렸다. 그 소리에 놀란 사람들이 하나둘씩 게르의 뒤쪽으로 모여들었다. 저마다 카메라와 삼각대를 손에 든 채였다.

그 순간이 얼마나 경이로웠느냐 하면, 마치 신화의 한 장면을 보고 있다는 착각을 할 정도라고도 할 수 있겠다. 토네이도를 닮은 빗물과 그 것보다 더 검은 구름, 그 사이를 가로지르는 햇살과 또 다른 빛으로 사방을 가르던 번개까지. 땅으로 내다 꽂히는 벼락을 볼 때마다 신기함에 입을 다물지 못했다. 번쩍, 밝은 빛이 눈에 들어올 때마다 사방에서 감탄사가 터져 나왔고 우리 모두는 그 순간을 담기 위해 열심히 셔터를 눌렀다.

땅이 얼마나 넓으면 비 한 줄기 맞지 않고도 저 멀리 떨어지는 번개를 구경할 수 있을까? 이런 경험은 아무나 할 수 없는, 귀한 경험임에 틀림이 없다. 그래서 나는 이 비가 굉장히 기꺼웠다. 그리고 한편으로는 저 비가 이곳에도 쏟아지기를 바랐다. 그렇게만 된다면 왠지 속이 시원해질 것 같다는 이유 모를 확신이 들었다.

그러고 얼마 지나지 않아 그 기도는 이루어졌다. 열심히 구경하는 동안 착실히 우리의 머리 위로 다가온 비구름은 이내 우리의 게르 위에도 소나기를 뿌려대기 시작했다. 우르르 쏟아지는 빗물과 그 사이로 떨어지는 번개. 쏟아지는 빗물이 마음속까지 스며들었다.

몽골의 햇살에 바짝 말라 답답함이 느껴졌던 마음에 물기가 스미자 지금까지 느꼈던 갑갑함은 거짓이었다는 듯 마음이 개운해졌다. 공기 속의 먼지를 씻어내는 빗물을 보며 나는 나 스스로를 열심히 빨아냈다. 다음날의 일정도 즐겁게 시작할 수 있도록, 힘들고 지친 마음들을 모아 모아 털어냈다. 침대 위로 빗물이 떨어지기 전까지.

바야흐로 대참사의 시작이었다. 게르 천장에서부터 새기 시작한 빗물은 이내 게르 전체로 번져 여기저기 빗방울이 떨어지기 시작했다. 급하게 가이드 언니를 불렀고, 그동안 우리의 방은 점점 더 젖어갔다. 동그랗게 천장에 번지는 빗물을 피해 이사를 시작했다. 아닌 밤중에 홍두깨라더니, 이 늦은 저녁에 팔자에도 없는 이사를 하다 보니 온몸에 진이 빠졌다.

번개는 쾅쾅 잘도 떨어졌고 우산을 쓰고 돌아다니는 내내 인간 피뢰침이 되는 것은 아닌지 두려움에 떨었지만 다행히 그런 일은 발생하지 않았다. 한바탕 전쟁을 치른 기분이었다. 다들 잔뜩 어이없는 표정으로 새로 배정받은 각자의 침대에 앉아 헛웃음을 지었다. 이게 대체 무슨 일이냐며 웃다가, 곧 다시 평화를 되찾았다. 잠깐 지나가는 소나기였던 듯 게르의 천장을 두드리는 빗소리가 잦아들었다. 이렇게까지 쏟아냈으니 다음날은 조금 더 맑기를.

비 냄새를 즐기려 게르의 문을 열고 바깥으로 나갔다. 먹물을 뿌린 듯 새까맣던 하늘에 달빛이 조금 섞였다. 거짓말같이 평화로운 밤이다.

몽골의 비는 좋은 인연을 데리고 온다

옹킹 사원,
휴식이 필요한 날

———————

초원을 달리다가 차를 세우는 것은 이제 우리의 익숙한 일상 중 하나가 되었다. 소품은 이미 준비되어 있었고 각자 원하는 것을 집어 들고 저마다 포즈를 잡았다. 몽골의 아침 공기는 언제나처럼 상쾌해서 멈추어 한참을 서 있음에도 불구하고 뜨겁거나 찝찝하지 않았다. 계속해서 이어진 몽골의 것들이 한국의 기억을 덮어, 한국의 습한 여름 공기 같은 것은 더 이상 상상조차 할 수 없는 미지의 것이 되어 가고 있었다.

간밤에 내린 비 덕분에 온 세상이 촉촉해져 있었다. 선명한 먹구름과 그 사이로 비치는 푸른 하늘이 극적이었던 아침의 시간에, 천장에 잔뜩 고여 있던 빗물이 열어둔 창문을 타고 푸르공의 안으로 흘러내렸다. 다시 비가 오는 것처럼 차 안으로 뚝뚝 떨어지는 빗물. 그것조차도 기분 좋게 볼 수 있었던 날이다.

유독 라디오가 듣고 싶은 하루다. 늘 그런 것은 아니고, 한껏 들이킨 아침의 공기가 온몸을 시원하게 감싸는 날이면 라디오에 대한 그리움이 깊어지곤 한다. 라디오 DJ의 나른한 말투라거나 날씨에 어울리는 선곡 같은 것들. 내 사연을 보내고, 서로 다른 곳에서 함께 하루를 시작하고 있는 사람들의 사연들을 들으며 느끼는 안정감.

아침 라디오를 즐겨 듣는 것은 아니지만 오늘따라 그런 분위기가 그립다. 꾹꾹 눌러 쓴 편지만큼이나 낭만적인 라디오의 사연들은 그것을 듣는 사람들에게 닿아 하나의 메시지가 된다. 만약 지금 이 순간, 내게 어떠한 주파수의 전파가 주어진다면 나는 주저 않고 몽골의 서늘한 공기를 담아 한국으로 보낼 것이다. 그렇게 먼 거리를 달리고 달려 마침내 내가 사랑하는 사람들에게 이 공기가 닿을 때, 함께 실어 보낸 나의 안부도 향기처럼 어렴풋이 그들에게 전달되기를.

햇살이 뜨겁게 내려앉았다. 우리의 점심시간이 다가온다는 의미이다. 아침보다 훨씬 맑아진 하늘 아래에 멈춰 선 자동차 두 대. 그 안에서 내린 우리는 더 이상 머뭇대지 않고 식사 준비를 도왔다. 테이블을 펴고, 의자를 세팅하고, 우산을 들고 옹기종기 모여앉아 이야기를 나눈다. 늘 그렇듯 그저 흘러가는 이야기들을 나누었을 뿐이다. 조금 싱거운 미역국과 입에 맞지 않는 몽골식 밑반찬, 그리고 따뜻한 오후의 햇살.

도란도란 나누는 이야기들은 심하게 격양된 상태도, 그렇다고 가라앉은 상태도 아니었다. 저마다의 설렘을 조금씩 담은 채로, 그러나 이 아름다운 풍경에 익숙해졌음을 여실히 드러내듯 나지막하고 느릿하게 각자의 삶을 이야기했다. 그러다가 배가 통통하게 차오를 때쯤이면 준비해둔 뜨거운 차를 마시며 속을 씻어 내리고 잠시 후를 기약하며 다시 차에 올라타곤 했다.

게르까지는 금방이었다. 얼마 지나지 않아 도착한 우리의 게르 캠

프. 강줄기가 게르 주위를 휘감아 흘러가고 뒤로는 낮은 언덕이 버티고 선, 멋있는 곳이다. 오늘의 목적지인 옹깅 사원이 바로 근처라는 이야기를 들었다. 출발까지는 시간이 있었기에 잠깐의 오수를 즐기기로 다짐하고 침대 위로 쓰러졌다.

"곧 출발한대! 일어나!"

한 시간만 자려고 했는데 눈을 뜨니 한 시간을 훌쩍 넘어 출발할 시각에 가까워지고 있었다.

우리는 걸어서 사원으로 향했다. 가는 길목의 곳곳에 볼거리가 산재해 있어 가이드 언니와 함께 걸으며 이런저런 설명을 들었다. 사원의 곳곳은 무너진 상태여서, 어떤 의미에서는 참혹하다는 생각이 들기도 했다.

정작 사원의 안에는 볼거리가 그리 많지는 않았다. 사람이 피곤하면 보고 싶은 것도 못 보게 되는 법이라고 했다. 아까의 오수가 오히려 독이 된 듯 온몸이 물에 적신 솜 마냥 축축 늘어지기 시작했다. 카메라를 들기도 싫어 찍는 둥 마는 둥 서성대며 사원을 살폈다.

사흘에 한 번은 쉬어줘야 한다. 먹고 싶은 것을 먹고, 편한 숙소에서 자고, 하고 싶은 것들을 하며. 그러니까 내가 닷새째 제대로 숙면을 취하지 못한 상태라는 것은 뭔가를 즐겁게 즐길 수 있는 상태가 아니라는 말과도 같다.

여행도 결국 생활의 일부인지라 기분이 좋을 때도, 나쁠 때도 있기 마련이다. 나는 그 모든 것을 긍정적으로 여긴다. 기쁠 때면 기뻐서 볼

지금은 몇몇 승려들만이 돌아가며 지키는
그들의 성지 · 과거의 영광.
마지막을 본다는 것은
어제나 기분이 묘한 법이다.

수 있는 것들이 있고 우울할 때면 우울해서 볼 수 있는 것들이 있기 때문이다. 그렇지만 피곤한 것은 예외다. 피곤해서 우울할 때엔 오로지 쉬고 싶다는 생각밖에 하지 않기 때문에 내게 득 될 것이 단 하나도 없다. 한없이 좁아진 시야에 답답함을 느끼며 다시 사원 밖으로 빠져나왔다.

옹깅 사원은 많은 수의 승려들이 불교 탄압으로 인해 죽거나 혹은 쫓겨났던 곳이다. 지금은 몇몇 승려들만이 돌아가며 지키는 그들의 성지, 과거의 영광. 마지막을 본다는 것은 언제나 기분이 묘한 법이다. 그 무엇보다 번영했던 것에도 언젠가는 끝이 찾아온다는 것을, 결국 '유적'이 되어 후대에 전해지게 될 것이라는 사실을 몸으로 느낄 수 있기 때문이 아닐까. 그처럼, 언젠가는 지금 우리가 숨 쉬며 살아가는 이 장소도 과거의 영광으로 남아 후대를 위한 기록이 될 것임을 흐릿하게나마 인지할 수 있기에.

사원 앞의 나무는 자신의 가지를 바닥까지 드리웠다. 수많은 사람들이 이곳을 스쳐 지나갔음을 드러내듯 나무의 표면이 매끈하다. 사원이 생기고, 탄압 당하고, 무너지고, 또 재건되어 수많은 낯선 이들이 이곳을 방문하는 동안 늘 같은 자리를 지켰을 것들. 흔하게 보이는 돌무더기나 오래된 나무, 뒤로 보이는 산. 그것들의 시간에는 어떤 모습들이 새겨져 있을지 새삼 궁금해지는 날이다.

오늘은 카메라를
내려놓기로 했다

사진 찍는 것을 좋아하지만 아쉬울 때가 없는 것은 아니다. 집으로 돌아와서 다시 본 여행 사진에 내 사진은 없고 다른 사람들의 사진이 가득할 때면 유독 그렇다. 담고 싶은 풍경 속에 나도 함께 있기를 바라지만 카메라를 들고 있기에 그 속에 속하기란 여간 어려운 일이 아니다.

가끔은 카메라를 내려놓자. 다른 사람이 아닌 오직 나를 위해. 카메라를 내리고 그냥 풍경의 일부가 되어 내 여행을 즐기자. 그러다가 문득 담고 싶은 풍경이 눈앞에 펼쳐질 때면 카메라를 들고 오지 않았음에 한껏 아쉬워하며 그 모습을 마음속에 깊이 새기자. 그러고도 모자라다 생각이 들면 글을 쓰고 그림을 그리자. 그렇게, 서툴더라도 카메라를 내리는 연습을 해보자.

여행객이 아닌 그냥 그 공간을 거니는 사람이 되어 지나가는 풍경을 보고 웃다, 울다, 감동하고 또 행복해할 것이다. 흘러간 것은 흘러간 대로, 지나간 것은 지나간 대로. 기억할 것들은 기억하고 기억하지 못한 것들은 기억하지 못한 채로 놔 둘 것이다. 그러다가 가끔 옆을 스쳐 간 사람의 무언가가 익숙하게 느껴질 때면 그렇게 무심하게 스쳐 지나

갔던 여행지의 공기가 나를 따라왔나 보다 하고 생각하며 나의 여행지를 다시 추억하게 되겠지.

금요일의 늦은 오후, 오늘은 카메라를 내려놓기로 했다.

몽골의 비는 좋은 인연을 데리고 온다

게르의 뒷산,
별빛 내린 몽골

유독 여유로운 일정이었다. 사원을 다녀온 후에도 시간이 많이 남았고, 우리는 남는 시간을 어떻게 보내야 할지 고민을 시작했다. 다행히 얼마 지나지 않아 목적지가 정해졌다.

게르의 뒤에 펼쳐진 야트막한 산. 우리는 그곳을 오르기로 했다. 꽤 가팔라 보였지만 산 위에서 아래를 내려다보는 양과 염소의 조각상이 우리를 부르는 듯해 올라가지 않을 수가 없었다.

산에 오르자 아래에서 보는 것과는 다른 풍경이 눈앞에 펼쳐졌다. 햇빛이 내린 강가와 초원, 그 위의 게르들. 무척이나 평화롭고 또 무지 아름다웠으며 굉장히 행복한 광경이었다. 우리의 이야깃소리를 제외하면 그 어떤 소리도 들리지 않는 몽골의 언덕 위에서 아무것도 하지 않는 것의 기쁨을 누리기 시작했다.

위에서 아래를 내려다보는 그 순간이 너무나 좋아서, 문득 이런 생각을 했다. 이 풍경은 두고두고 아쉬울 것 같다고, 오랫동안 그리울 것 같다고. 내가 아직까지도 북한산의 일출을 잊지 못하는 것처럼 이 풍경도 살아가며 늘 그리워하게 될 것 같다는 생각이 들었다. 푸른 하늘과 노란 햇살이 어우러진 우리의 몽골은 참 평화롭고, 그래서 아름답다.

아무도 이야기를 하지 않을 때에는 사방이 고요했다. 우리는 가끔 그렇게, 아무런 말을 하지 않은 채 저마다의 생각에 잠겨 먼 곳을 내다보곤 했다. 그러다가 아래에서 움직이는 다른 일행들을 볼 때면 소리를 치며 아래를 향해 손을 흔들었다. 다시 인사가 되돌아오고, 그 인사를 다시 되돌려주며 한참을 바라보다가 또다시 각자의 생각에 잠겨들기를 반복했다.

그러다가 이 순간을 담아야겠다는 생각이 들면 카메라를 들었다.

절대 잊고 싶지 않은 풍경을 만나기란 쉬운 일이 아니다. 하지만 그렇다고 완전히 불가능한 일도 아니어서, 나는 종종 여행에서 그런 순간들을 만나곤 했다. 너무 벅차올라서 아무 말도 할 수 없을 것 같은 풍경이라거나 너무나 아름다운 모습이기에 그 어떤 수식어도 어울리지 않음을 깨닫게 되는 순간들 말이다. 담을 수 없음을 알지만 그래도 담고 싶어 셔터를 한없이 누르게 될 때가 있다. 그리고 지금 이곳에서 그와 꼭 같은 감정을 느꼈다.

분명 피곤하고 많이 지친 상태였음에도 불구하고 나는 마음 가득 행복했다.

마음이 행복으로 가득 차 더 이상 행복을 구겨 넣기도 힘들 것 같다는 생각이 들 때면 어린 왕자가 보고 있을 하늘 어딘가로 행복을 전했다. 네가 두고 간 지구의 것들이 오늘 나에게 행복을 주었다고. 네가

담을 수 없음을 알지만 그래도 담고 싶어
셔터를 한없이 누르게 될 때가 있다.

그렇게 사랑해 마지않던 일몰이 가까워지는 시각에, 어쩌면 네가 보았을지도 모르는 풍경 속에 앉아 너의 흔적을 쫓고 있다고. 그래서 결국 오늘의 나도 너를 찾아 헤매고 있노라고. 시간이 비틀려 내가 해를 보는 순간과 그가 해를 보는 순간이 아주 잠깐 이어지기를. 그래서 내가 지금 느끼는 이 행복이 밀빛 머리를 가진 어느 소행성의 왕자에게도 닿아 전해지기를 진심으로 바랐다.

뛰어오르기도 하고 뛰는 모습을 구경하기도 했다. 뛰어대다가 또 뛰는 사람을 찍어주기도 했다. 무릎이 더 이상은 못 뛴다며 후들거릴 때쯤에서야 다시 자리에 앉아 점점 더 따뜻한 색으로 물드는 사방을 바라보았다.

식사가 완성되었으니 내려오라는 이야기가 들린다. 이 풍경을 잊고 싶지 않아서, 흘러가는 시간을 조금이라도 더 붙잡고 싶은 마음에 발걸음이 절로 느려졌다. 조금만 더, 조금만 더. 그렇게 더디게 산을 내려와 식당으로 들어가니 더더욱 따뜻한 풍경이 펼쳐져 있었다.

우리의 식사와 따뜻한 물. 식사 후에 차와 커피를 태워 마시라는 가이드들의 배려였다. 뜨거운 김이 모락모락 피어오르고 창문 사이로 들어온 햇살이 보온병에 반사되어 밝게 빛난다. 앞의 사람이 제대로 보이지 않을 만큼 밝게 비치는 해와 분위기 좋은 식당. 한쪽에선 웬 외국인 여행객들이 김치라면을 끓여먹는 중이었다.

참 신기했다. 외국에서 이렇게 흔하게 한글을 볼 줄이야. 식당의 한쪽 벽에도 한글로 된 음식들이 가득했다. 어쨌든 그 식당 안에는 우리

팀과 그 팀, 두 팀 뿐이었다. 모두가 서로의 존재를 의식하다가 또 다시 음식에 집중했다. 가끔은 서로를 힐끗대다 눈이 마주치고, 그러면 또 서로에게 웃음을 지어준 후 다시 입에다 음식을 밀어 넣었다.

그러다가 식사가 끝났다. 식사가 마무리 될 즈음의 식당엔 우리뿐이었기에 다들 자유롭게 떠들고 또 사진을 찍었다. 찍지 않고는 못 배길 정도로 아름다운 풍경이 펼쳐져 있었기 때문이다. 내 앞에 보이는 모든 것들이 평화로움의 대명사처럼 보였다. 햇살이 노랗게 비칠 때의 순간들이 으레 그렇듯, 모든 것이 고요하면서도 소란스러웠다.

창밖으로 보이는 풍경이 우리를 불러대기에 저마다 손에 차와 커피를 든 채 밖으로 나왔고, 해 지는 풍경을 마주하며 새로운 인연들을 만나 낯선 이야기들을 나누었다. 언어도, 국적도, 나이도 모두 다른 사람들이었지만 오로지 여행자라는 이유 하나만으로 서툴게 어울렸다. 말이 통하지 않을 때엔 온몸을 이용해 설명을 했고 가끔 알아들은 사람이 그렇지 못한 사람들에게 설명해 주기도 했다. 와르르 웃고 또 진지하게 이야기를 나누며 해가 지는 모습을 바라보았다.

그래, 우리는 여기서 또 누군가를 만났다. 곧 헤어질 인연이라는 것은 중요하지 않았다. 후에 헤어져 서로의 이름을 잊게 되고, 생긴 모습조차 흐릿해지더라도 몽골을 추억했을 때 우리가 함께했던 이날의 일몰을 기억하기만 한다면 충분할 것이다. 그 순간 누군가와 함께했었고 우리는 참 즐거웠다는 것, 중요한 것은 바로 이 두 가지 사실일 뿐이다.

곧이어 해가 졌다. 햇빛에 가려졌던 별들이 하나 둘씩 드러났다. 그 모습이 괜히 반가워 바깥에 돗자리를 깔고 드러누워 한참을 바라보았다. 흔적만 남은 은하수와 달빛에 잠겨버린 밤, 그 밤도 은근히 낭만적이라 작게 노래를 틀었다.

이렇게 별이 아름다울 때면 전공을 살려보겠다는 욕심이 싹터 오르는 터라 가져간 별지시기를 꺼내들고 가만히 별자리를 짚었다. 이 별자리는 카시오페이아, 이 별자리는 백조, 이 별자리는 거문고. 그렇게 한참을 짚다가 이게 무슨 소용인가 싶어 다시 전체를 눈에 담았다.

노란 별똥별이 어두운 하늘을 그림 같이 가른다. 하늘을 가르고 떨어지는 빛이란 언제나 매력적이기 마련이어서, 우리는 환호성을 지르며 그 모든 것들을 눈에 새겼다.

강 위로 보름달의 빛이 환하게 비친다. 누군가에겐 소원을 비는 밤이었고 또 누군가에겐 여행의 낭만을 새기는 밤이었다. 강가를 바라보고 서 있던 나에게는 마냥 행복하기만 한, 벅차오르는 밤이었다.

오, 지저스!

해가 예쁘게 지던 어느 게르 캠프에서였다. 우리 일행들은 저마다 따뜻한 차를 손에 쥐고 밖으로 나왔다. 해가 지고 있는 초원과 달이 뜨고 있는 강가의 중간 즈음엔 꽤나 커다란 정자가 있었고, 우리는 그곳에 앉아 해 지는 모습을 바라보았다.

우리만 있는 것은 아니었다. 같은 캠프에 묵는 외국인들도 그곳에 앉아 있었다. 필립포와 한나, 이탈리아에서 온 부부라고 했다. 필립포는 영어를 할 줄 알았지만 한나는 하지 못했다. 그래서 간간이 필립포가 한나에게 우리의 이야기를 통역해 주는 것을 들으며 그들과 나란히 앉아 열심히 일기를 썼다.

그러다가 누군가 제대로 이야기를 시작했고, 어쩌다보니 우리는 일기는 접어두고 자연스레 대화를 나누고 있었다. 어디서 왔는지, 어디로 가는지, 그런 이야기들을 하다 보니 또 다른 외국인 두 명이 정자를 찾아왔다. 그들은 저녁을 준비하는 중이었다.

국적은 딱 두 개였다. 한국인과 이탈리아인. 우리는 짧은 영어를 가지고 신나게 이야기를 시작했다. 필립포는 말을 아주 재미있게 했다.

뒤늦게 합류한 마르코도 마찬가지였다. 마르코는 이탈리아에서 요리사로 일하고 있다고 했다. 그 이야기를 하며 자신의 가방엔 파스타밖에 없다며, 파스타만 잔뜩 챙겨왔다고 너스레를 떨었다.

"원 티셔츠, 트웬티 파스타(티셔츠는 고작 한 개인데, 파스타는 스무 개를 챙겼어!)!"

우리는 그 말을 듣고 또 깔깔대며 웃었다. 그러다가 몽골의 비포장도로는 너무 험하다는 이야기를 나누었고, 덜덜 떨리는 차를 타고 오느라 엉덩이가 깨질 뻔 했다던가, 하여튼 그런 대화를 했다. 우리의 언어가 서로 너무나도 잘 통하는 것은 아니었기에 손짓발짓을 더 크게 할 필요가 있었다. 필립포는 이야기를 하며 자기가 자동차가 된 것처럼 온몸을 털털털털 흔들었다.

"털털털털, 이렇게 떨리더라고. 엄청 흔들렸어. 그러다가 아까 기사가 자동차를 몰고 저 강을 건너기 위해 강으로 들어가는데 말이야, 오, 지저스!"

떠나온 곳도, 떠나갈 곳도 모두 다른 우리들이었으나 그 말에는 공감할 수 있었다. '맞아요. 탈곡기에 들어간 것처럼 여기저기로 튕겼었죠. 그러다가 차가 덜컹 튀어오르면 온 사방에 머리를 찧곤 했는데 말이에요. 오, 지저스!'

필립포와는 그 다음날 아침에 한 번 만난 것이 전부였고, 그 이후엔 만날 일이 없었다. 그러나 나는 그 이후의 여행을 하는 종종 '오, 지저스!' 하는 그의 외마디 비명을 떠올렸다. 세차게 흔들리는 차 안에서,

사람들을 향해 전진하는 염소 떼가 있는 곳에서, 목적지를 향해 걷다가 쏟아진 우박을 만난 초원 위에서, 강을 건너기 위해 물 속으로 들어가는 차 안에서.

다른 사람들도 그들을 떠올렸는지는 모르겠다. 서로의 행복한 여행을 기원하며 헤어졌던 그 대화가 내게 너무 인상 깊어서, 이렇게 서로 말도 잘 통하지 않는 사람들이 즐겁게 이야기를 나눌 수 있다는 사실이 너무나도 즐거워서, 그래서 나는 그들이 모두 떠나간 몽골 위에서 그들을 종종 떠올리게 되었다.

어떤 곳으로 떠나가 또 어떤 삶을 살고 있을지 모르는 그들이지만 살아가는 내내 그날 보았던 몽골의 일몰처럼 아름답고 행복한 삶을 살아가길 바랐다.

몽골에서 쓰는 편지 3

내가 또다시 너를 떠올린 건 해가 질 무렵이었다. 카메라에 둥근 빛의 방울이 맺히고 서서히 사방이 어두워지기 시작하는 때. 아니, 정정하자. 당신을 떠올렸다기보다는 그저, 너에 대한 생각을 적극적으로 하기 시작한 것이 맞겠다. 내 사고의 한편에는 늘 네가 존재하고 있었기 때문에.

나는 항상 너를 생각했다. 좋은 것을 볼 때, 맛있는 것을 먹을 때, 가만히 앉아 먼 풍경을 바라볼 때, 잠들기 위해 침대에 눕는 그 순간까지도. 너는 내게 스며드는 사람이었다. 푸른 나뭇잎에 단풍이 드는 것처럼 나는 당신의 색깔로 물들었다. 그렇게 물들어 놓고서도 네가 내게 옮아왔음을 인정하지 못하다가, 여행지에서 늘 쓰던 일기의 마지막 장에 '당신을 사랑하는 누구로부터' 하고 서명을 기입할 때에서야 당신이 나의 습관이 되었음을 인정했다. 생각을 하지 않는 그 순간에도 나는 너를 떠올리고 있었음에 틀림이 없다.

내 일기는 언제나, 당신에게 전하고 싶은 편지였던 것이다. 내가 보고 있는 이 모든 광경을 아름답게 서술하기 위해 꼭 필요한 것이 바로 당신이었다. 아침에 눈을 뜨면 보이는 게르의 천장을, 문을 열고 나오는 순간 펼쳐진 넓은 초원을, 이 순간 떠오르는 책의 구절을, 그래서 내가 느끼게 된 모든 행복감을 털어놓기 위해서 나는 필연적으로 누군가를 사랑해야

만 했다. 그 대상이 바로 당신이었다.

어쩔 수 없을 만큼 너를 사랑해서, 혀끝에 당신의 호칭을 굴릴 때마다 눈물 터질 듯 벅차오르는 사랑이라서. 어디 내놓기 아까울 만큼 소중한 감정들조차 아낌없이 나눌 수 있을 사람이 바로 너여서 나는 오늘도 너에게 일기를 빙자한 편지를 쓴다.

어디를 보아도 꿈같은 풍경들이 펼쳐졌다.
예측할 수 없는 날씨를 뽐내는 곳이었지만,
그 어떤 날씨를 보여주든
나는 항상 그 모든 것들에 감탄할 뿐이었다.

6. 초원에 숨겨진 오르홍 폭포

오르홍 폭포로 가는 길,
멀미의 시작

하루 종일 이동의 연속이었다. 달리다가 잠시 멈추고, 그러다가 또 다시 달리기를 반복했다. 마치 탈곡기에 들어 있는 기분이었다. 여행을 시작한 지 일주일이 지나서야 푸르공의 의자를 눕히는 법을 깨달은 우리들은 너나할 것 없이 의자를 눕히고 뒹굴 대기 시작했으나 어느 순간 덜컹거리기 시작한 차체 덕분에 편히 쉬기는커녕 목을 가누느라 한참을 고생했다. 그리고 그 와중에 내가 심한 멀미로 앓아대기 시작했음은 불 보듯 뻔한 이야기였다.

그나마 다행이라 할 만한 것은 마을이라고 불릴 만한 곳에 이따금씩 정차했다는 것이다. 뒤집어지는 속을 다스리랴, 바깥으로 스쳐지나가는 풍경을 구경하랴. 나는 그 어떤 날보다도 정신이 없었다.

오늘은 드디어 사막 지역을 벗어날 수 있었다. 정신없는 와중에도 물과 풀이 많아지고 있다는 사실 하나쯤은 쉽게 눈치 챌 수 있을 정도로 주변 풍경이 달라졌다. 어쩌면 내 베갯잇에 아주 오랫동안 그려져 있던 텔레토비 동산을 닮았다고 이야기 할 수도 있겠다.

몽골에서의 풍경들은 낯설면서도 또 한편으로는 익숙했는데, 푸른 초원이라거나 파란 하늘같은 것은 유독 그랬다. 한국 어디에서도 접할 수 없던 풍경이었음에도 불구하고, 참 익숙하게 다가왔던 것이다.

익숙하지 않으면서도 익숙한 것을 마주하는 것은 언제나 향수를 불러일으킨다. 언젠가 한 번쯤 본 적 있던 호수의 하늘이라거나 높은 산 위에서 바라본 풍경, 더운 여름날 마주했던 푸른 바닷가 같은 것들에 대한 향수였다.

아주 흔하게 접할 수 있는 것들이 낯선 풍경 위로 겹쳐진다. 어떤 것이든 접점이 있기만 하다면 그 접점이 작든 크든 상관없이 자연스레 풍경들이 이어지곤 했다. 가령 지금 보고 있는 하늘의 색이 베네치아의 어딘가에서 본 우산의 색과 닮았다는, 그 정도의 접점으로도 나의 지난 여행지를 추억하고 새로운 풍경을 즐기기엔 충분했다는 말이다.

그렇게 어딘가 익숙한 초원을 달리다 보면 어디서 흘러왔는지 모를 물웅덩이나 작은 계곡이 나타나곤 했다. 그 근처를 돌아다니던 동물들은 겁도 없이 우리의 차 근처로 다가와 맴돌았고, 야크가 먹을 감던 작은 계곡엔 하늘과 근처 초원이 아름답게 비쳤다. 하나의 거울이라도 된 마냥 반짝이던 물의 표면이 다가온 야크를 다시 비추었다.

그러다가 어느 순간, 아주 넓은 곳에 많은 사람이 모여 있는 것이 보였다. 그 앞으로는 아주 까마득하고도 압도적인 풍경이 펼쳐져 있었다. 멀미에 시달리느라 이미 많이 지친 상태였지만 내 앞에 펼쳐진 것들이 아름답다는 것은 부정할 수 없는 사실이어서 나는 하염없이 아래를 내려다보았다. 이런 풍경을 바라볼 때면 늘 무언가를 비워내고 싶다는 생각을 하곤 한다.

지금까지의 내 여행은 빈 것을 채우는 여행이었는데 이상하게 몽골의 풍경 앞에서는 자꾸만 이미 차 있는 것을 비우고자 노력하게 된다. 아주 깊숙이 숨겨뒀던 감정들, 그러니까 미움이라던가 원망 같은 감정들마저도. 여행지에서는 나를 수십, 수백 번 마주보곤 하는데 가끔은 아주 추하고 보기 싫은 모습들마저도 마주하게 되어 괴로울 때가 있다.

나는 그런 모습을 버리기 위해 노력했다. 매일 밤 일기를 쓰며 감정을 털어내고, 혹은 다스리기 위해 애를 쓰는 것이다. 그러다가 이렇게 눈앞에 내 모든 것을 받아 줄 것만 같은 풍경들이 나타날 때면 바리바리 싸둔 감정들을 묵은 먼지 털어내듯 툭툭 떨어트리곤 했다. 싫은 모습을 애써 덮으며 즐기는 것이 여행인 줄 알았더니, 오히려 반대의 것도 있음에 신비로움을 느꼈다.

마음을 비워내는 동안 울렁이는 속도 게워내려 해보았지만, 영 신통찮다.

갈 길이 멀었기에 우리는 다시 차에 올라탔다. 지금까지의 흔들림은 장난이었다는 듯 사방으로 덜컹대는 차 안에는 오만 곳에 머리를 쿵쿵 찧는 우리들이 있었다. 나는 그중에서도 조금 심한 편이어서 머리를 박다가 멀미를 하고 또다시 멀미를 하다가 머리를 박아댔다. 그러다가 지쳐서 쓰러질 무렵에서야 멀미고 머리의 고통이고 싹 잊고 잠들 수 있었다.

나를 제외하면 그 누구도 멀미를 하지 않았기에 푹 잠들지는 못했다. 사람들의 움직임이나 그들의 목소리를 따라 반쯤 잠들었다가 또 반쯤 깨어나는 순간의 연속이었다. 실같이 얇게 뜬 눈 사이로 동물이 들어오기도 하고 또 이런저런 돌무더기가 들어오기도 했다. 그러나 그 모든 것들을 즐기기엔 몸 상태가 온전하지 않았기에 나는 나의 회복만을 위해 애쓸 뿐이었다.

우리는 또 어딘가에 차를 세웠다. 우리의 앞에 펼쳐진 무지개의 끝자락 때문이었다. 피곤한 정신을 추스르고 밖으로 나선 내 눈 앞에는 무지개의 끝이 이어져 있었다. 가까이 다가가면 사라지고 떨어지면 다시 떠오르는 것이 참 재미있었다.

무지개의 끝에는 황금 항아리가 묻혀 있다고 했다. 혹자는 그곳에 보물 상자를 든 작은 요정이 있다고도 했고, 또 누군가는 그 끝에는 행복이 있을 것이라고 했다. 어찌되었든 간에 다 좋은 것이기에 내 여행은 무지개의 끝에서 건져낸 행복 그 언저리를 맴돌게 될 것이라는 확신이 들었다.

나는 종종 동화 속의 것들을 떠올렸으므로 이 풍경과 함께 그 속의 것들을 다시 한번 생각했다. 어디를 보아도 꿈같은 풍경들이 펼쳐졌다. 예측할 수 없는 날씨를 뽐내는 곳이었지만, 그 어떤 날씨를 보여주든 나는 항상 그 모든 것들에 감탄할 뿐이었다.

지금까지의 내 여행은 빈 것을 채우는 여행이었는데
이상하게 몽골의 풍경 앞에서는 자꾸만 이미 차 있는 것을
비우고자 노력하게 된다.

어디를 보아도 꿈같은 풍경들이 펼쳐졌다.

예측할 수 없는 날씨를 뽐내는 곳이었지만,

그 어떤 날씨를 보여주든

나는 항상 그 모든 것들에 감탄할 뿐이었다.

몽골의 날씨는
엉망진창 와장창

몽골에는 '오르홍 폭포'가 있다. 먼 초원에서는 폭포의 모습을 확인할 수 없으나, 가까이 다가가면 아래로 푹 꺼진 지형을 타고 흐르는 폭포를 발견할 수 있다고 했다. 그런데 폭포까지 채 100미터도 남지 않은 시점에 우리는 쏟아지는 우박을 만났다.

그러니까 때는 4시가 조금 넘었을 무렵이었다. 조금 전까지만 해도 푸르던 하늘이 먹구름으로 뒤덮였다. 아니, 어떤 부분은 먹구름으로 뒤덮이고 또 어떤 부분은 맑았다. 어쨌거나 우리의 머리 위에는 잿빛의 구름이 자리하고 있었다는 것만 기억하면 되겠다. 사람 하나를 날려 버릴 듯 부는 바람, 그리고 그 바람을 타고 빗줄기처럼 보이는 것들이 흩날렸다. 그래도 그 순간까지는 참 즐거웠다.

바람을 헤치며 나아가는 길, 우리는 아주 약하게 내리는 빗방울을 맞으며 노래를 불렀다. 이 노래가 비, 아니 우박을 부르는 노래가 될 줄은 꿈에도 모른 채.

"언니, 뭔가 따갑지 않아요?"

우리가 뭔가 이상함을 느낀 것은 바로 그 무렵이었다. 신나게 부르던 노래가 막바지에 이르렀을 때, 아는 노래가 이것뿐이라고 깔깔대고 있을 때. 분명 미스트 같은 안개비였는데 어느 순간부터 그 비를 맞으니 통증이 느껴졌다.

우리는 이것이 비가 아닐 것이라고는 전혀 예상하지 못했기에, 그저 '비가 어지간히 거세게 오는가 보다' 하는 이야기를 나누며 저마다 손에 쥐고 온 우산을 펼쳐들었다. 그 순간 우산이 홀라당 옷을 벗었다. 이 우산이 비와 바람을 막아주기를 기대했지만 우산은 몽골의 강한 바람 앞에 맥을 추지 못했다. 고작 5초 정도였을 것이다. 우산이 사방에 흩날리는 것들을 조금이나마 막아주었던 시간 말이다.

그쯤 되어서야 우리는 이게 비가 아님을 눈치 챘다. 앙상하게 뼈대만 남은 우산을 손에 들고 소리를 지르며 다시 차로 달려갔다. 그 와중에 또 하나의 우산이 장렬히 전사했음은 말할 필요도 없을 것이다. 새끼손톱의 반보다 조금 작은 우박이 우수수 떨어졌다.

"으아악! 누가 회초리로 때리고 있는 것 같아요!"

우박의 크기는 점점 더 커졌다. 나는 제일 마지막으로 차에 올라탔는데, 정신을 추스르고 보니 우박에 두드려 맞은 온몸이 얼얼했다.

그러면서도 계속 헛웃음이 나왔다. 아무래도 나는 이곳에서 세상의 모든 기후를 겪고 갈 모양이라고, 별의별 일이 다 있다고 이야기하며 잠깐 넋을 놓았다. 이 일정으로 우리에게 남은 것이라고는 얼얼한 몸과 뼈대만 남은 우산뿐이었다. 우산의 옷이 홀라당 벗겨지는 순간이 계속해서 눈앞에 재생되었고 그 순간이 떠오를 때마다 간헐적으로 웃음이 터졌다.

어쩜 이렇게 다채로운 여행이 있을까. 고작 열흘이 될까 말까 한 여행인데 한 달을 여행한 것보다 더 다양한 기후를 접하고 있는 듯했다. 쨍쨍하다가 비가 내리고 또 천둥 번개가 치다가 이제는 우박을 만났다. 여기에다 눈까지 내리면 완벽하리라는 생각이 문득 들었다.

결국 우리는 다음날 아침을 기약하며 발걸음을 돌릴 수밖에 없었다. 우박에게 두드려 맞으면서까지 갈 만한 곳은 아니라는 생각이 들었기 때문이었다. 그리고 얄궂게도, 게르에 도착하니 우리의 눈앞에 무지개가 다시 두둥실 떠올랐다.

이 순간이 얼마나 극적이었는지 짚고 넘어갈 필요가 있을 것 같다. 나는 오랜만에 찾아온 반가운 신호에 화장실에 있던 중이었는데, 여기서 화장실이라 함은 몽골의 대자연 위에다가 나무 막대를 박고 천을 두른 정도의 것을 의미한다. 3면이 막혀 있고, 출입을 할 수 있는 한쪽 면은 뻥 뚫려 넓은 초원을 바라보게 되어 있는 장소. 그 앞으로 동네 개들이 지나가다가 한참을 서서 내 모습을 구경하기에 없던 수치심까지 느껴질 지경이었다.

내 눈앞에 커다란 무지개가 나타난 것은 이러다가 개에게 엉덩이를 물리지는 않을까 하는 생각을 하고 있던 때였다. 밋밋하던 하늘의 일부가 일곱 가지 색깔로 물들기 시작하는 것은 꽤 장관이었다. 서서히 무지개의 윤곽이 드러나고, 그 뒤로 초원과 하늘이 펼쳐지는 것.

그래, 참 멋있는 풍경이었다. 지금 나의 상황만 제외한다면. 나는 정확히 무지개의 중심 자락에 있었다. 그러니까, 나와, 그놈의 화장실 말이다. 나를 기준으로 하여 무지개가 양옆으로 둥근 아치를 그렸다.

지금까지 흘렸던 헛웃음들을 모두 합한 것보다 많은 허탈함을 내포한 웃음이 입을 타고 흘러나왔다. 멋있고 평화롭지만 참 처량 맞은 순간이다. 개들의 구경거리가 된 것도 모자라 대자연의 응원을 받으며 볼일을 보고 있는 건가. 순간 볼일이고 뭐고 의지를 잃어버려 대충 추스르고 터덜터덜 화장실을 벗어났다. 자연에게 농락당한 기분이란 바로 이런 것임에 틀림이 없다.

물론 나를 제외한 다른 사람들은 모두 잔뜩 신이 난 상태였다. 무지개의 끝이 우리의 게르 앞, 야트막한 산 뒤로 떨어졌기 때문이었다. 그러니까 이미 말한 바 있듯이 우리의 여행은 행복의 언저리에 있음이 분명할 것이다. 내가 허탈함을 느낀 것과는 별개로 오늘 하루에만 무려 두 번의 무지개를, 그리고 그 무지개의 끝 언저리를 보았기 때문이다.

우리의 게르 뒤에는 야크들이 신나게 풀을 뜯고 있었다. 3년 전이던가, 네팔 히말라야를 트레킹하다가 눈밭 어딘가에서 만난 야크의 모습이 머릿속에 동동 떠올랐다. 그때 본 야크는 커다랗고 순한 눈을 가지고 있었던 것 같은데. 그보다 작은 눈을 가진, 거기에다 털의 색깔도 알록달록한 몽골의 야크가 새삼 낯설다. 아주 천천히 걸어 다니는 모습을 가만히 지켜보고 있으니 왠지 마음이 함께 느려지는 것 같기도 하다.

어쨌든 하나같이 똑같은 모습으로 머리를 땅에다가 콕 박은 채 풀을 뜯으러 다니는 야크들의 모습을 한참 구경하다가 다시 게르로 들어갔다. 저녁 시간이 다가오고 있다.

우리는 또 어딘가에 차를 세웠다.
우리의 앞에 펼쳐진 무지개의 끝자락 때문이었다.

구름 사이로 별을 헤는 밤

게르의 난로에 불을 지폈다. 하루에 거의 200킬로미터 정도를 이동하는 일정이었기에 기온 또한 하루가 다르게 변해갔다. 쌀쌀한 것을 넘어 아예 추워진 날씨와 배고픔에 시달리던 우리는 결국 저녁을 준비 중이던 가이드 언니들의 게르를 습격했다. 게르에 들어서자마자 따뜻한 공기가 우리를 감쌌다.

게르의 중앙에선 저녁이 맛있게 준비되고 있었다. 하지만 그보다도 더 먼저 우리의 눈을 사로잡은 것이 있었으니, 추위를 막기 위해 몽골의 전통 의상인 '델'을 꺼내 입은 가이드 언니의 모습이었다.

"언니, 너무 예뻐요!"

"예뻐요? 우리 엄마가 만들어 주신 거예요. 조금 커요."

"그래도 너무너무 예뻐요!"

우리는 언니의 주변을 맴돌며 계속해서 감탄사를 내뱉었는데, 그 모습을 보던 언니가 갑자기 델을 벗어 우리에게 건넸다.

"입어봐요."

"예? 어, 그래도 돼요?"

"입어보고 싶지 않아요?"

입어보고 싶지 않을 리가. 얼굴 가득 미소를 띠고 가이드 언니가 건네는 델에 팔을 끼웠다. 따뜻하고, 묵직하고, 촉감도 좋았다. 집으로 돌아갈 때 하나쯤 사서 돌아갔으면, 하는 생각이 절로 들 정도로. 가이드 언니는 흐뭇한 미소를 지으며 우리의 모습을 바라보고 있었다.

나와 친구의 나이가 가장 어린 탓이었는지 뭘 하든 우리를 흐뭇하게 바라보는 시선이 따라오곤 했고 나는 이런 상황이 꽤 기꺼웠다. 지내다 보면 어려지고 싶은 순간들이 있다. 진짜 나이가 어려지기를 바란다기보다는 그냥 어리광을 피우고 싶다거나 혹은 귀여움받고 싶은 순간들 말이다.

평소라면 그런 시선은 개나 주라며 큰 소리 떵떵 쳐대곤 했겠지만 이 여행에서는 아니었다. 나는 그런 시선을 맘껏 만끽했다. 그럴 때마다 왠지 마음이 몽글몽글해지는 기분이었기 때문이다. 어떤 의무들에 잔뜩 눌려 있던 상황에서 벗어나 개운해진 기분. 가끔은 이렇게 마냥 어린 것도 좋은 것 같다는 생각이 들었다.

우리의 여행도 어느덧 끝을 바라보고 있었다. 세 밤만 더 자면 나는 한국으로 향하는 비행기에 올라타게 될 것이고, 그렇게 되면 우리는 진짜 안녕이다. 다들 말은 하지 않았지만 그런 것을 느끼고 있는 듯했다.

뜨뜻한 국물이 일품이었던 수제비가 냄비 가득 담겨 우리에게 건네지고, 우리는 준비해둔 과일과 향초를 준비했다. 우리만의 멋진 식탁이 완성되었다.

끝은 입에 담지 않기로 했다. 아직 남은 시간이 많기에 늘 그랬던 것처럼 평범한 이야기들을 나누었다. 우리의 일상, 한국의 사람들, 그리고 돌아간 이후의 일상. 마지막을 상상하지는 않았지만 그 이후의 것들은 거리낌 없이 떠올리고 또 한참을 가정했다. 다른 모든 것을 상상하더라도 그저 '끝'만은 아끼고 싶었던, 우리의 여행.

어느새 해가 졌다. 휘영청 밝은 달이 하늘에 떠올랐으나 그보다도 짙게 낀 구름이 하늘을 뒤덮어 달빛이 땅 위까지 내려앉지는 못했다. 그저 하늘의 구름이 달빛에 조금씩 빛날 따름이었다.

아무것도 하지 않은 채 누워 일기를 쓰고 난로에 새 장작을 넣다 보니 어느새 밤이 늦었다. 잠시 밖으로 나왔다. 그리고 내 눈앞에 펼쳐진 놀라운 풍경. 구름 사이로 별들이 황홀하게 빛나고 있었다. 하늘의 구름은 여전했다. 그러나 구름이 열린 틈새 여기저기로 별들이 고개를 내미는 중이었다.

하늘 위쪽엔 바람이 상당히 많이 부는 듯했다. 구름이 하늘을 빠르게 가로질렀다. 그 사이로 드문드문 별이 나왔다가 사라지기를 반복했다. 급하게 게르로 달려 들어가 카메라를 집어 들고 나왔다. 남천(南天)이 열렸다. 은하수가 있는 방향이었기에 나는 주저하지 않고 카메라 셔터를 눌렀다. 아무도 없는 초원 위, 저 멀리서 개가 짖는 소리만이 어렴풋이 들리던 곳에 친구와 나의 대화 소리와 철컥대는 카메라의 셔터 소리가 함께 들어찼다.

날은 추웠다. 셔터를 누르는 손가락이 추위에 꽁꽁 얼어붙을 지경이었지만 그래도 계속해서 셔터를 눌렀다. 나는 이렇게 밤하늘을 바라보고 있을 때면 언제나 기분이 좋아지는데, 오늘은 유독 더 그랬다.

구름이 달빛을 가려 준 덕분에 내가 원하던 하늘의 별빛이 더 선명하게 드러났기 때문일 것이다. 볼 수 없을 것이라 생각한 것들을 보게 되는 것은 언제나 기쁜 일이다. 게르와 구름 사이로 별이 빛나는 몽골, 그리고 은하수.

구름이 더 몰려와 하늘에 난 구멍들조차 다 덮을 지경이 되어서야 게르 안으로 들어왔다. 불이 꺼져가는 난로에 장작을 조금 더 채워 넣은 후 찍어 온 사진을 살폈다. 남쪽 하늘을 찍은 사진에 희뿌연 무언가가 담겨 있었는데, 자세히 살펴보니 은하수였다. 내가 가장 찍고 싶었던 사진을 이렇게 예상치 못한 때에 찍게 되었다. 나는 그것만으로도 충분히 행복했다.

몽골의 밤은 추웠다. 오리털 침낭에 이불을 덮고도 추위가 가시질 않아 경량 패딩을 꺼내 침낭과 이불 사이에 함께 덮었다. 몸이 한결 따뜻해진다.

몽골의 밤하늘을
가득 채운 별빛

———

　몽골의 밤하늘은 꽤 아름다웠다. 가득 낀 구름이 흩어지고 그 사이로 은하수가 드러날 때면 더더욱 그랬다. 별빛 구경이 힘들었던 탓에, 이렇게 날이 갤 때면 우리는 항상 바깥에 옹기종기 모여 앉아 밤하늘을 구경하곤 했다.

　그럴 때면 별자리를 따지는 것도 아무런 의미가 없었다. 좋은 노래를 틀어두고 가만히 누워 우리 앞에 펼쳐진 아름다운 것들을 가슴 깊이 만끽했다. 종종 이야기를 나누었고, 그러다 웃음을 터트리기도 했으나 종래엔 하나둘씩 입을 다물고 가만히 풍경에 취하기를 선택했다.

　그런 우리의 귀로 들려오는 것이라고는 작은 노랫소리와 부스럭거리는 뒤척임 소리, 다른 게르에서 들려오는 사람들의 낮은 목소리뿐이었다. 이곳이 한국이었더라면 풀벌레 소리 정도가 추가되었을 것이다.

　모든 것들이 별의 소리라, 나는 그렇게 생각했다. 조용히 입을 다물고 하늘을 올려다볼 때에야 분명하게 들려오는 소리들은 일상의 소리라기보다는 별의 소리라 이야기하는 것이 더 어울렸다.

　셀 수도 없을 만큼 많은 별빛 아래에서 어린 왕자가 살고 있을 작

은 별빛 하나를 떠올렸다. 그 후에 다시 올려다 본 하늘엔 그가 선물한
별들의 웃음 방울이 가득했다.

모든 것들이 별의 소리라. 나는 그렇게 생각했다.

오르홍 폭포를 만나다

아침에 눈을 뜨니 하늘이 온통 흐렸다. 새벽 나절에 본 보석 같은 별들이 아직까지도 잊히지 않는데 아침엔 푸른색이라고는 찾아볼 수도 없을 만큼 사방에 희끄무레한 구름이 가득했다. 아쉬움을 느끼며 채비를 마치고 밖으로 향했다.

"스노(Snow)!"

"네?"

"스노, 스노!"

우리를 기다리고 있던 기사 아저씨들이 어딘가를 가리키며 "스노우"를 외친다. 의아한 표정으로 뒤를 도는 순간 내 눈에 들어온, 눈 쌓인 8월의 산봉우리. 저 먼 산에 하얗게 눈이 쌓인 게 보인다.

8월에 눈을 보고 있다니, 하루 새 계절이 바뀌기라도 한 걸까? 몽골의 모든 날씨를 겪고 가는 것 같다는 건 농담이 아니었다. 눈만 내리면 완벽하겠다는 나의 이야기가 이렇게 현실로 이루어졌다. 굉장히 낭만적이면서도 얼떨떨한 순간이다. 쌀쌀하다 못해 추운 날씨여서, 가져온 패딩을 껴입고 스카프까지 목에 칭칭 둘렀다.

얼마 지나지 않아 도착한 폭포엔 물이 가득했다. 간밤에 내린 비 덕분이라고 했다. 물이 아래로 쏟아지고, 그런 모습을 바라보고 있으니 정말 그림 같다는 말밖에 나오지 않았다. 이런 풍경을 멋있다고 생각해 본 적이 거의 없는데 이번엔 내 앞에 펼쳐진 모든 것들이 너무 멋있었 다. 조금 맑아진 하늘과 그 하늘이 비친 폭포. 폭포의 뒤로 보이는 풍경 에서는 폭포의 역동적임과 상반되는 평화로움이 느껴졌다.

마법에 빠진 것 같은 기분이었다. 마치 〈해리포터〉 시리즈의 '9와 4 분의 3 정거장' 속으로 들어온 것처럼, 이곳과 다른 장소들 사이에 이 질감이 느껴졌다. 내가 지금까지 본, 그리고 내가 알고 있던 몽골과는 다른 몽골, 몽골 속의 몽골을 만났다. 너무나도 이질적인 풍경 덕분에 판타지 소설 속 한 장면이 재현된 것 같은 느낌이 물씬 들었다.

바람이 불었고 내 뒤로는 계곡물이 빠르게, 그러면서도 잔잔하게 흘러내려가고 있었다. 머리 위로는 매가 낮게 날고 여기저기 빛바랜 현 무암이 있는 곳. 관광객뿐만 아니라 현지인들도 가족 여행 겸 많이 찾 는 곳이라고 한다.

한참을 구경했다. 시간이 흐르는 것을 잊었다. 단체 여행의 특성상 빠르게 진행되던 일정에 여유라는 것이 나타난 순간이었다. 원래의 나 는 아주 게으른 여행을 선호했는데, 이곳에서만큼은 그 스타일을 고수 하며 주변의 것들을 즐길 수 있었다. 혼자 생각하고, 내가 보기에 좋은 곳에선 계속 머무를 수 있는 곳. 우리 일행들은 모두 뿔뿔이 흩어져 자 신이 원하는 장소에서 폭포를 마음에 담았다.

이곳을 떠나야만 한다는 것이 너무 아쉽고 또 아쉬웠다. 몇 발짝

한참을 구경했다. 시간이 흐르는 것을 잊었다.

내가 지금까지 본,

그리고 내가 알고 있던 몽골과는

다른 몽골,

몽골 속의 몽골을 만났다.

걷다 돌아보고, 다시 몇 발짝 걷다 돌아보기를 반복했다. 조금 더 보고
싶은 풍경이 눈에 띄면 사진을 찍는다는 핑계로 다시 그 자리에서 미적
거렸다. 다행히 그것은 다른 일행들도 마찬가지인지 우리가 차로 돌아
가는 시간은 폭포로 올 때보다 몇 배로 길어졌다.

　그렇게 걷는데 앞으로 한 무리의 염소 떼가 보였다. 아니, 우리를
향해 전진하는 염소 떼였다. 사람을 피해 도망가는 동물의 무리는 많이
보았으나 다가오는 아이들은 처음이었다. 그 모습은 흡사 인간과 염소
의 전쟁이 발발한 것과도 같아 보였다.

　염소들은 힘차게 다가왔다. 그리고 우리의 근처로 다가와서는 한
가롭게 풀을 뜯어대기 시작했다. 이렇게 가까이서 염소나 양을 본 것은
처음이기에 그들을 방해하지 않는 선에서 한참을 지켜봤다.

　염소들은 풀을 뜯다가 심기가 불편해졌는지 서로 뿔을 치대며 싸워
대기도 했다. 딱딱, 뿔이 부딪히는 소리가 위협적으로 들려왔다. 덩치

큰 다른 염소가 한참을 싸우는 두 염소 사이에 끼어들더니 둘을 분리시켰다. 싸워대던 둘은 언제 싸웠냐는 듯, 다시 평화롭게 풀을 뜯었다. 큰 염소는 자신이 할 일을 다 마쳤다는 듯 다시 제 갈 길을 가기 시작했다. 뭐랄까, 염소들의 생리를 조금이나마 본 것 같은 기분이라고 해야 할지.

그러나 더 이상 지체할 수는 없었다. 다음 목적지까지도 한참을 달려야 했기에 한시라도 빨리 출발해야만 했다. 올 때처럼 다시 우르르 멀어져 가는 염소들의 모습을 마지막으로 우리는 '쳉헤르 온천'으로 향할 푸르공에 올라탔다. 차는 다시 움직였고, 그렇게 멀어지는 염소 떼와 폭포의 모습이 새삼 다시 아쉬워졌다.

쳉헤르 온천과 갈등 아닌 갈등

"괜찮아?"

"아뇨…."

쳉헤르 온천으로 가는 길, 나는 또다시 찾아온 멀미에 시달리고 있었다. 정말 이대로 딱 죽을 것만 같은 생각이 들 때쯤 차가 멈추어 서고 점심을 먹는다는 이야기가 들렸다. 언뜻 어떤 게르를 빌렸다는 이야기가 들리는 것도 같았으나 이미 컨디션은 최악을 달리고 있었기에 뭐가 뭔지 귀에 들어오지는 않았다. 차가 편안해진 틈을 타 잠을 청하려고 했으나 일행이 왔다 갔다 하는 소리가 자꾸만 거슬려 그것마저도 포기. 멍하게 앞을 바라보고 있으니 그제야 정신이 조금 돌아온다.

바깥을 보니 웬 게르 한 채에 처음 보는 아이들이 왔다 갔다 하고 있는 것이 보였다. 그리고 우리가 그 집에 초대받았다는 이야기도 함께 전해졌다.

우리는 줄을 지어 게르 안으로 들어섰다. 작아 보이는 게르 안에는 침대와 난로, 식탁, 옷장 같은 것들이 알차게 들어차 있었고 우리를 초대한 집 주인들은 귀한 손님을 대접한다며 수태차를 내주었다.

몽골의 속담과도 같았던 말, '비와 함께 오는 손님은 귀한 손님이다'. 어쩐지 그 말이 머릿속을 둥둥 맴돌았다. 잔뜩 흐린 하늘이, 우리를 내내 따라다녔던 비구름이 이런 귀한 인연을 선물로 준 것만 같았다.

게르 안은 훈훈했고 아이들은 부모님께 엉겨 붙어 잔뜩 장난을 쳤다. 우리의 점심이 준비되는 사이 우리는 손짓 발짓과 간단한 몽골어로 이야기를 나누었다. 가령 나이가 몇 살이냐. 그런 이야기들. 난로 때문인지 아니면 이런 분위기 때문인지 게르 안에 훈훈한 공기가 감돌았다. 내내 우리의 곁을 돌아다니며 놀던 남매의 모습이 퍽 귀여웠다.

이런 것이 자연스러운 문화라는 것이 더더욱 놀라웠다. 갑작스럽게 나타난 한 무리의 일행을 기꺼이 집으로 초대하고 자신의 식탁까지 내어주는 것은 내게 꽤 생소한 일이어서, 나도 모르게 그들에게 해줄 수 있는 것을 찾아보았던 듯하다.

그렇게 찾은 것이 '사진 찍기'였다. 그들의 사진을 찍어주고 싶었다. 마침 내 옆에 놓인 옷장의 위에 조금 오래된 듯한 빛바랜 사진들이 작게 붙여져 있었다. 이들이 모두 함께 나온 사진이 보이지 않아 잔뜩 흐린 사진이더라도 찍어주면 괜찮지 않을까 하는 생각이 싹텄다.

폴라로이드 사진기를 가지고 간 것은 어떤 의미에선 천운이었다. 컴퓨터나 휴대폰이 발달하지 않은 곳이기에 디지털 사진은 인화해서 줄 방도가 없었다. 나는 들고 온 사진기로 그들의 가족사진과 아이들의 독사진을 찍어 건넸다. 사진이 잘 나왔을까 걱정되어 주변을 뛰어다니던 이 집의 둘째에게 "굿(Good)?" 하고 짧은 영어를 건네어보았다. 그런 내 모습을 본 아이는 환하게 웃으며 엄지를 척 내밀어주었다.

이곳에서 만난 인연은 인연이라 부르기도 힘들 정도로 스쳐 지나가는 정도의 것이었으나 나는 아직까지도 그들을 잊을 수가 없다. 흔쾌히 초대해준 그들의 친절을, 자기의 몸보다 훨씬 큰 옷을 입고 비눗방울을 후후 불어대던 셋째를, 패션 센스가 뛰어나고 친화력이 좋았던 둘째를, 수줍음이 많지만 그만큼 웃음도 많았던 첫째를, 그 집에서 느꼈던 친근함을. 앞으로 다시 만나기 힘든 그때 그 사람들의 모습과 순간이 조금은 그립다.

그 이후의 일정도 평화롭게 흘러가지는 않았다. 이미 예약이 꽉 찼다는 온천의 숙소, 그리고 그로 인해 빙빙 돌아야만 했던 우리들. 웬 술주정뱅이가 사는 게르에 묵어야 할 상황을 목전에 두고 분노가 차오르는 것이 느껴졌다. 내가 돈을 냈으면 어느 정도의 식사와 숙소 정도는 보장되어야 하는데 이게 대체 무슨 상황인 건지. 긴 이동에 지쳐 있었던 일행들의 표정도 점점 싸늘해졌다.

우리는 그 상황에서 입을 많이 열지 않는 것을 택했다. 모두가 예민한 상황인 지금 짜증을 냈다간 상황만 악화된다는 사실을 직감했기 때문일 것이다. 애써 긍정적으로 생각해보려 했으나 곧바로 돌아온 가시 돋친 말에 이미 한 번 감정이 상한 후였다. 이것이 서로의 잘못이 아닌, 투어사의 잘못인 것을 알지만 그 상황에 화가 나 말이 뾰족하게 나오는 것은 어쩔 수 없는 일이었다.

그런 우리의 표정을 보고 안절부절못하던 가이드 언니는 여기저기 계속해서 돌아다니기 시작했다. 그 덕에 예약이 꽉 찼다던 온천 옆의

그들의 사진을 찍어주고 싶었다.
마침내 옆에 놓인 옷장의 위에
조금 오래된 듯한 빛바랜 사진들이
작게 붙여져 있었다.

캠프에 웃돈까지 얹어가며 사정한 결과 우리 일행들만이 묵을 수 있는 방 두 칸을 얻을 수 있었다.

숙소는 좋았다. 지금까지 묵었던 그 어떤 숙소보다도 좋았다. 다만 가이드 언니들은 이 숙소에 머무르지 못한다는 이야기를 들어 마음이 쓰일 뿐이었다. 마침 우리의 방에 침대가 하나 남는 상황이었기에 언니에게 함께 자자고 이야기했으나 가이드 언니의 격한 사양으로 인해(서로 주머니에 열쇠를 넣어주고 도망치기를 반복했고, 그 싸움의 승자는 가이드 언니였다) 그것도 없는 일이 되어버렸고, 조금은 불편한 마음을 지닌 채 숙소의 편안함을 즐겼다.

준비된 식사를 마치자마자 온천으로 향했다. 쳉헤르 온천, 유황 냄새가 나는 노천 온천. 이 날만을 위해 준비한 수영복을 꺼내 입고 밖으로 나가는 순간 살을 에는 듯한 추위가 나를 덮쳤다. "으악" 소리를 지르며 탕에 뛰어들었다.

그러나 우리가 간과한 것이 있었으니, 우리가 온천에 들어간 것은 온천 운영이 끝나기 한 시간 전이었고 이미 물은 많이 식어 있었다는 것이다. 적당히 온기를 느낄 정도는 되었으나 추위를 녹일 정도는 아니었다. 일행이 모두 모여 물놀이를 즐겼지만 나는 물놀이 내내 "코가 … 시려요…" 하는 말들을 반복할 수밖에 없었다. 정말로 코가 너무 시렸기 때문에. 결국 예정했던 것보다 조금 일찍 온천욕을 끝내고 다시 숙소로 돌아왔다.

다른 일행들은 다음 날 아침 다시 온천욕을 하러 갈 생각이라고 했으나 나는 그 시간에 잠을 더 청하기로 했다. 그래도 우리 모두가 만족할 수 있었던 것은 어쨌든 '씻을 수 있었다'라는 사실 덕분. 그리고 몸을 편히 뉠 곳이 있다는 사실 덕분이었다. 만약 우리가 그 열악한 게르에 머물러야 했다면, 그래서 이렇게 온천욕은커녕 제대로 씻지도 못 하게 되었다면 지금처럼 편안한 분위기가 우리 사이에 흐르고 있었을까.

여행에서 중요한 것 중 하나는 '쉴 때는 쉬어야 한다'라는 것이다. 그래야 내게 주어진 행복을 조금이나마 더 느낄 수 있다. 제대로 쉴 수 없는 상황에 처했을 때 우리 사이에 돌던 긴장감이란, 다시 겪고 싶지 않을 정도로 위태로웠다.

여행이 마무리되기 이틀 전의 일정, 갈등 아닌 갈등이 싹을 틔우다가 조용히 수그러들었다. 그새 평화를 되찾은 우리의 머리 위로 맑게 갠 하늘이 잠깐 비치다 이내 구름으로 뒤덮였고, 우리는 온 세상을 뒤덮은 구름만큼이나 포근한 게르의 침대에 잠겨 조금 더 즐거울 내일을 기대하며 잠들었다.

몽골에서 맞이하는 스물두 살의 생일

내 몽골 여행 중 가장 행복했던 날, 소중했던 날, 그리고 마법같이 아름답고 황홀했던 순간. 이날은 나의 스물두 번째 생일이자 몽골에서의 마지막 일정이었다.

오전 일찍부터 온천욕을 하러 간 일행들을 기다리며 짐을 싸고 있을 무렵 가이드 언니가 냄비를 손에 들고 게르로 들어왔다. 평소와는 달리 냄비의 뚜껑이 꼭 닫힌 채였다. 메뉴를 궁금해 하며 뚜껑을 열어보니 건더기가 듬뿍 든 미역국이 한 솥 가득 담겨 있었다. 여행지에서 맞이하는 첫 번째 생일날 아침이 미역국이라니. 예상도 하지 못한 터라 더더욱 놀랍고 또 감동적이었다.

얼마 지나지 않아 밥에 굶주린 우리 일행들도 하나둘씩 게르로 돌아왔다. 그리고 시작되는 조촐한 생일 파티.

"하나, 둘, 셋!"

상상도 못한 파티였다. 여행 초반에 일행들에게 내 생일을 알리기는 했으나 마지막 날까지 이것을 기억해줄 것이란 기대는 크게 하지 않았기 때문이었다. 그렇기에 숫자를 세고 생일 축하 노래를 불러주는 모습에 감동을 받을 수밖에 없었다. 내 생에 가장 행복했던 생일 중 하나가 되지 않을까 하는 생각이 들었다. 행복해서 눈물이 난다는 게 어떤 기분인지 비로소 실감한 듯하다.

하늘은 푸르렀다. 온천에 몸을 담그지 못한 아쉬움을 뒤로한 채, 손가락 하나를 물에다 담가보고 다시 푸르공으로 향했다. 설레는 하루의 시작, 그 순간 우리 모두가 함께였기에 더더욱 기뻤다.

창밖으로 보이는 모든 풍경이 사랑스러웠다. 혼자서라도 생일을 축하하기 위해 준비했던 노래가 이어폰을 통해 흘러나오고, 같은 노래를 수도 없이 반복해 들으면서도 지겨움을 몰랐다. 마음이 부풀어 올라 '펑' 하고 터져버릴 것 같은 날이었다.

행복감은 이내 또 아쉬움으로 물들었다. 풀을 뜯는 말, 소, 야크들과 차 바로 앞을 날아다니는 매. 그리고 그 옆의 독수리. 오늘로 공식 일정이 끝난다는 것이 아쉽기만 하다. 무슨 마법에라도 걸린 양 시간이 빠르게 흘렀다.

눈앞에 펼쳐진 몽골의 풍경과 오전에 문을 열었을 때 보이는 푸른 초원, 평화로우면서도 이국적인 분위기. 이제 또다시 이 모든 것들이 추억이 되어버린다는 것이 그저 아쉽고, 아쉽고, 또 아쉬울 따름이었다. 언제나 마지막은 아쉬운 법이라지만 보통 시원섭섭한 마음이 들기 마련인데 그냥 '섭섭'만 남았다.

"이 멤버 리멤버" 하고 외치는 목소리들이 정겹다. 과연 우리가 다시 이렇게 여행할 수 있는 날이 올까? 지금의 멤버가 또다시 모여 같은

곳을 여행할 수 있을까. 아마 힘들 것이다. 한국으로 돌아가는 순간 저마다 자신에게 주어진 삶을 버텨내기 위해 흩어질 테니. 그래서 더더욱 소중한 오늘이다.

이제야 이리저리 흔들리는 푸르공에 좀 익숙해졌는데, 이제야 차에서 조금 편안히 잠들 수 있게 되었는데. 힘들었지만 즐겁기만 했던 순간들이, 두고두고 생각날 것 같은 풍경들이 머릿속을 쉼 없이 맴돌고 또 어지럽혔다. 소중하고 행복한 시간을 보냈기에 마지막이 더더욱 아쉽다.

우리는 아주 오랜만에 초원 한가운데에 차를 세웠다. 주변에 그 어떤 인적도 느껴지지 않는 곳에 오직 우리만이 앉아 점심을 준비하고 있었다. 그 옆은 가파른 비탈이었고, 아래로 더 넓은 초원과 물길이 이어졌다. 굉장히 정적인 풍경이었으나 그 속에 모형처럼 자그마한 동물들이 돌아다니는 모습 정도는 쉽게 확인할 수 있었기에 그리 심심한 풍경

또한 아니었다.

세차게 바람이 불어오는 비탈의 끝에 서서 넓은 풍경을 마음에 담았다. 그 순간만큼은 아무것도 떠오르지 않았다. 지금껏 나를 심란하게 한 우리의 마지막도, 어떠한 아쉬움이나 즐거움마저도.

점심은 컵라면이었다. 실로 오랜만에 먹는 컵라면이었던지라 반가움이 앞섰지만 생각했던 것만큼 맛있지는 않았다. 인스턴트 음식에서 느껴지는 그 향에 속이 부대꼈다. 대충 끼니를 때운다는 생각으로 해치운 후 다시 이동했다.

우리는 몇 번의 마트를 들렀고, 아주 오랜만에 포장도로를 달렸다. 전쟁 같았던 어제와는 달리 기가 막히게 평화롭고 또 안정적인 길이었다. 새삼 포장된 길에 대한 감사함이 차올랐다. 우리가 마트에 들렀을 때, 나는 예상치 못한 선물을 또 받게 되었다.

마트 안을 종횡무진 이리저리 휘젓고 다닐 때였다. 우리의 기사님인 토모루가 아주 신중하게 초콜릿을 고르는 모습이 언뜻 보였다. 이것저것 비교해가며 한참을 들여다보는 모습에, 나중에 돌아가서 아들에게 주려고 하는 건가 생각하며 그 뒤를 무심히 지나쳤다. 몇 가지의 과자와 음료를 집어 들고 아이스크림 하나를 입에 문 채 마트 밖으로 나왔다.

그리고 나의 모습을 본 토모루가 손짓으로 나를 부르더니(우리는 서로의 말을 하나도 알지 못했기에 보디랭귀지가 최선이었다) 그렇게 신중하게 고른 초콜릿을 슬쩍 건네었다.

"함트 데레(같이 먹어)."

일행들을 가리키며 함께 먹으라는 이야기를 건넨다. 그러면서 함께 보여주는 웃음이 너무나도 순박하고 반갑다. 참으로 사랑스러운 사람들이지 않은가. 내가 좋아하는 몽골의 풍경들 속에 사람들의 모습을 함께 그려 넣었다. 이곳에서 만난 사람들은 대개 친절하기 마련이어서 내 몽골 여행은 더더욱 아름답고 따뜻한 색으로 물들어가곤 했다. 나는 그것이 퍽 만족스러웠다.

그렇게 또다시 이동했다. 얼마 지나지 않아 우리의 마지막 숙소를 발견할 수 있었다. 미니 고비를 바로 앞에 둔, 작은 게르 캠프였다. 어디를 봐도 썩 깨끗하고 좋은 환경은 아니었으나 나는 이 정도로도 충분히 만족할 수 있을 것 같았다.

멀리 보이는 미니 고비의 야트막한 모습과 그 앞으로 보이는 커다란 물. 호수인지 개울인지 구분하기 힘들었던 그 물 위에는 백조 다섯 마리가 줄을 맞춰 헤엄치고 있었다. 좋은 날씨, 그리고 좋은 풍경. 별로 특별할 것 없었던 나의 생일이 그 어떤 날보다 아름답게 장식되고 있었다.

파티를 즐길 시간

오후 일정은 '말타기'였다. 아주 어릴 때를 제외하면 말을 타본 적이 없었고, 살아 있는 동물의 위에 올라탄다는 것이 미안하기도 하고 무섭기도 했다. 나와 함께 갔던 친구는 이미 승마 여행을 하고 왔던 터라 말타기에 익숙해 보였다. 마주(馬主) 아저씨가 고삐를 잡고 가되, 승마를 할 줄 아는 친구는 혼자 가기로 이야기를 마무리하고 출발.

그런데 뭔가 이상하다.

"… 아저씨? 저 버리고 가시면 안 돼요! 아저씨!"

이유는 모르겠지만 아저씨가 내 말의 고삐를 놓아버린 채 나를 먼저 출발시켰다. 아저씨는 한국어를 할 줄 몰랐고, 나는 몽골어를 할 줄 몰랐다. 아저씨를 애타게 불러보았으나 내 옆을 지나쳐 간 아저씨는 내쪽을 돌아보지도 않았다. 말 위에 덩그러니 앉아 아저씨를 외치고 있으니 친구가 옆으로 와서 요령을 가르쳐준다.

"고삐의 길이를 같게 하고, 박차를 가해봐. '추!' 하고 외치면 말이 앞으로 갈 거야."

목을 살살 쓰다듬어 주고, 고삐를 감아쥔 채 말의 아랫배를 살짝 찼다.

"오, 오! 간다, 가!"

한 번 움직이기 시작하니 속도를 내거나 줄이는 것은 그리 어렵지 않았다. 아니, 줄이는 것은 말이 알아서 했고 나는 빨리 좀 가달라며 재촉하는 것밖에 하지 않았던 것 같기도 하다. 터벅터벅 걷는 말의 움직임에 맞춰 내 몸도 함께 터벅댔다. 안장에 부딪히는 엉덩이를 구해내자 옆으로 메고 있던 카메라가 그 자리를 대신하는 불상사가 발생하기는 했지만 꽤 즐거웠다.

덜컹대며 부딪히는 카메라에게 백 번 정도 사과를 건네었던 듯하다. 그러다가 결국 카메라의 안전을 반쯤 포기하고서야 주변의 모습이 눈에 들어왔다. 낮은 모래 언덕들, 여기저기에 보이는 돌산, 그리고 앞서가는 일행들. 앞서가는 모습이《순례자》의 한 장면 같기도 했다.

살아 있는 생명과 함께한다는 것은 아주 신비하고 묘한 일이다. 방향 조절을 어떻게 해야 하는지 알 수가 없어 원하는 방향 쪽의 고삐를 당겼는데 말이 투레질을 하며 고개를 틀었다. 왜 귀찮게 구느냐고 성질을 내는 것 같기도 하고, 얼핏 짜증을 내는 것 같기도 했다. 울상을 지은 채 말을 바라보다가 옆을 지나가는 친구에게 방향을 트는 방법을 물어보니 부드럽게 움직여야 한단다. 부드럽게? 대체 그건 또 무슨 말이야. 부드럽게 당기라는 뜻인가?

친구의 모습을 한참이나 관찰하고서야 무슨 의미인지 깨달을 수 있었다. 당기는 것이 아니라 부드럽게 고삐를 움직이는 것이구나. 슬쩍 손을 들어 오른쪽으로 고삐를 옮기니 말이 자연스럽게 방향을 틀었다.

초원에 숨겨진 오르홍 폭포

그 모습을 바라보고 있으니 왠지 교감을 하고 있는 것 같다는 생각도 들고 이 말에게 더 애정이 생기는 것 같기도 했다. 고삐를 잡은 손을 아래로 내리고 있으니 손으로 말의 체온이 전달되었다. 꿈틀꿈틀 움직이는 말의 근육이 느껴지고, 가만히 그것을 느끼고 있다 보니 이 아이가 살아있다는 사실이 더더욱 와 닿았다.

어느 정도는 걷다가, 또 어느 정도는 빠르게 걷기를 반복했다. 그새 말의 움직임에 익숙해졌는지 말이 걷는 동안 주변의 사진을 찍을 수 있을 정도의 여유가 생겼다. 혼자 타박타박 뒤를 따라가는 나를 본 일행들이 부럽다며, 재미있어 보인다는 이야기를 던졌다. 그것은 아마 사실이었을 것이다.

달그락대는 말의 움직임 때문에 엉덩이가 아팠지만 그래도 충분히 만족스럽다. 신나게 즐겼으니까. 고삐에 반복해서 스친 살갗이 살짝 까지고 무릎이 저렸지만 그래도 마냥 즐겁기만 했다.

"언니, 저 말 혼자 탔어요!"

"혼자 탔어요? 아주 잘했어요!"

'참 잘했어요' 도장처럼 칭찬을 건네는 가이드 언니를 뒤로하고 잠시 방에 들어가서 휴식을 취했다. 가이드 언니들은 오늘 저녁에 예정되어 있는 '허르헉 파티'를 준비한다고 했다. 뭔가를 분주하게 준비하기에, 내가 해줄 수 있는 것을 찾다가 남은 폴라로이드 사진 필름을 몽땅 소진해버리기로 결정했다. 우리의 일행은 가이드님과 기사님들을 모두 합쳐 총 열 명. 딱 그 정도의 필름은 남아 있는 상태였다.

캠프의 요리사라는 분에게 부탁해 총 열 장의 단체 사진을 찍었다. 몽골에서 찍은 폴라로이드 사진 중 가장 마음에 드는 사진, 그리고 가장 따뜻한 사진이 이 순간에 만들어졌다 해도 과언이 아니었다. 같은 듯 다르고, 다른 듯 같은 사진 열 장을 한데 모아 뒤집고 랜덤으로 사진을 가져갔다. 어떤 포즈를 한 사진이 걸렸을까, 그런 기대감에 부풀어 사진을 확인하고 가방 속에 소중히 보관했던 우리들.

따뜻하게 비치는 햇살과 그 아래의 분위기가 너무나도 낭만적이었다. 분주한 것 같으면서도 이상하게 차분했던 오후, 나는 우리 일행들의 모습을 바라보며 이 순간은 절대 잊지 못할 것이라는 생각을 했다.

그리고 그 순간의 애틋한 마음은 이어진 허르헉 파티로까지 이어졌고 여기서 모든 일행이 함께 모여 나의 생일을 다시 축하했다. 초코파이를 이용해 케이크를 만들고 준비해 온 향초에 불을 붙여 생일 촛불을 대신했다. 그렇게 나의 스물두 번째, 그리고 오늘의 두 번째 생일 파티가 시작되었다.

"앞으로도 행복하고, 하는 일들도 다 잘 될 거고⋯."

일행들은 나 몰래 준비해둔 선물을 꺼내 주며 덕담을 함께 건넸다. 그러나 나는 그 덕담들을 제대로 듣지는 못 했다. 이미 그때쯤 눈물이 터져 펑펑 울어대고 있었기 때문에. 너무나도 고맙고, 감동적이고, 행복하고 또 행복해서. 이렇게까지 행복할 수는 없을 것 같아서.

가이드 언니들과 기사님들이 돈을 모아 준비해준 커다란 초콜릿과 와인, 일행들이 써준 생일 축하 편지, 그리고 그 모습을 옆에서 지켜보던 게르 캠프의 요리사 D가 건넨 음료수까지. 일행들의 선물을 바리바

"앞으로도 행복하고, 하는 일들도 다 잘 될 거고…."

리 품에 끌어안은 나는 이 순간 세상 그 누구보다도 많은 것을 가진 사람이었다.

선물을 따로 준비하진 못했다고 이야기하던 다른 일행들은 차에서 앰프를 꺼내 오더니 내가 가장 좋아하는 가수의 노래를 재생시켰다. 부족한 건 단 하나도 없었다. 맛있는 음식에 시원한 맥주, 내 품에 가득 안긴 선물들과 지금까지의 여행을 함께한 우리 일행들까지. 이미 차고도 넘칠 만큼 많은 것을 가져서 다른 어떤 것도 떠오르지 않았다. 그냥 이 순간이 너무나도 만족스럽고 또 사랑스러웠을 뿐이다.

한참을 울고 나서야 눈물을 그쳤다. 행복하다는 이유로 이렇게까지 울어본 건 난생처음이라, 낯선 것 같기도 하면서 기쁘기도 했다. 한 번도 경험해보지 못한 감정을 느낀다는 것은 또 다른 의미로 내게 만족감을 부여했다.

이제 남은 것은 '맛있는 식사'뿐. 푸짐하게 준비된 허르헉을 늘어놓고, 고기가 얼추 식기를 기다리며 냄비에 함께 넣었던 돌을 꺼내 손에다가 마구 비볐다. 손이 촉촉해진다나, 뭐라나. 그리고 바로 식사 시작.

커다란 고기를 한 손에 들고, 다 같이 건배하고 먹고 놀고 마시고 춤추고 노래하며 함께하는 이 시간이 얼마나 소중하고 감사하던지. 말이 잘 통하지 않는다는 것은 아무런 상관이 없었다. 다들 흐르는 시간에 기꺼이 몸을 던졌다.

우리 일행은 아주 오랫동안 바깥에 앉아 이야기를 나누었다. 뒤쪽으로 자작나무가 흔들리고 더 먼 곳에서 해가 붉게 지기 시작할 때까

지, 아니, 어쩌면 그것보다도 더 오래. 캠프파이어를 하듯 둘러앉아 이 여행이 어떤 의미로 다가왔는지, 우리의 여행이 어땠는지 이야기하고 또 공감했다. 함께여서 더 즐거웠노라 이야기하는 모두의 입가에 미소가 한 가득이었다. 그렇게 개어가는 우리의 마음을 따라 하늘도 점차 개어가는 듯했다.

　해가 완전히 지며 날이 쌀쌀해졌다. 이제 해산하자며 흩어지는 우리의 머리 위로 무언가가 반짝이고 있음이 느껴졌다. 그리고 올려다본 하늘, 쏟아질 것 같은 별빛들의 향연. 밤하늘이 시끄러웠다. 색색의 별들이 저마다의 빛을 내며 잔뜩 반짝이던 몽골의 밤, 소란스러웠던 우리의 하늘.

　별들의 소란스러움만큼이나 호들갑을 떨어대던 우리는 돗자리를 펼치고 그 아래에 드러누워 하늘을 올려다보았다. 자글자글한 은하수가 하늘을 길게 가로지르고 수도 없이 많은 유성들이 하늘을 가르며 떨

하늘에는 여전히 유성이 마구 떨어지고 있었다.
생일 축포는 이것으로 대신하자는 생각이 들었다.

어졌다. 날은 살짝 추웠고 온 동네가 개미밭이었으며 미니 고비라는 이름에 걸맞게 사방이 온통 모래였지만 그래도 개의치 않았다.

달은 이제 막 떠오르는 중이었다. 덕분에 하늘의 별과 은하수를 너무나도 선명하게 볼 수 있었던 것이리라. 선물 같은 하루였다. 맑아진 하늘, 일행들의 축하, 혼자 탔던 말과 눈앞에 펼쳐진 사막. 그리고 그 사막 위로 쏟아지는 별들.

하늘에는 여전히 유성이 마구 떨어지고 있었다. 생일 축포는 이것으로 대신하자는 생각이 들었다. 하늘마저도 나의 생일을 축하해 주고 있는 것 같았다. 온 세상이 너는 오늘 행복해야만 한다고, 이것보다 더 행복해져야 마땅하다고 외치고 있었다. 그래서 나는 시간이 지날수록 온 마음 가득 빈틈없이 행복해졌다 .

모두가 들어간 밤, 하루의 끝이 찾아올 때까지 밖에 홀로 누워 은하수를 보며 노래를 들었다. 정말로 행복하고 또 아쉬운 날이다. 지금까지의 모든 것이, 내일은 한국으로 가야만 한다는 사실이.

나의 그리움은 메아리가 되어,
가장 찬란했던 그때로 다시 한번.

7.
몽골에게
작별 인사하기

함께해서 더 즐거운 여행

마지막 날이 되어서야 문득 그리워지는 것들이 있다. 아침을 알리던 가이드 언니들의 정겨운 인사 소리라거나 우리들의 작은 티타임 같은 것들.

부은 얼굴로 서로 인사하며 우리가 마지막으로 함께할 아침 식사를 시작했다. 언제나처럼, 늘 같은 멤버들이 익숙한 멘트를 건네며 삼삼오오 모여들었다. 어제 요리를 하고 남은 재료들로 만든 매콤한 불고기가 몽롱한 정신을 번쩍 깨워주었다.

좋은 날이었다. 평소보다도 맑은 하늘과 늘 마주했던 넓은 몽골의 풍경이 함께해 더더욱 평화로운 아침 풍경. 우리는 그 앞에서 열심히 사진을 찍고, 늘 그래왔듯이 차에 올라타 노래를 틀고 또 노래를 불렀다. 그러면서도 다들 나름의 마무리를 시작했던 듯하다.

우리가 가장 먼저 한 것은 지난 사진들을 돌려 보는 것이었다. 어색하기만 했던 첫날과는 달리 카메라에 익숙해지기 시작했고, 그만큼 또 서로에게 익숙해진 모습이 보인다. 짧다면 짧고 길다면 긴 시간 동안 서로에게 참 많이도 묻어났구나.

독사진이 많았던 첫날과는 달리 둘째 날, 셋째 날로 넘어가며 함께 찍은 사진들이 많아졌다. 서로에게 장난을 치고 있는 모습, 예쁘게 포즈를 잡은 모습, 언제 찍었는지도 모를 찰나의 순간들. 뻣뻣하게 굳어 사진에서조차 어색함이 느껴지던 때와는 천지 차이다.

나는 몽골에서 함께하는 여행의 즐거움을 깨달았다. 사람들과 어울리는 것에 대한 즐거움도 함께 깨달은 듯하다. 이 여행이 마냥 즐겁기만 한 것은 아니었다. 중간중간 서운한 점도 있었고, 화나는 부분들도 분명 있었지만 우리는 함께였기에 더더욱 즐거웠다.

혼자 하는 여행을 즐기던 나로서는 상상도 해보지 못한 추억들이 가득 생겼다. 내가 지금 보고 있는 풍경들에 대한 감상을 나눌 수 있다는 것이, 아름다운 풍경을 보며 함께 호들갑을 떨 일행이 있다는 것이, 식사를 위해 앉은 나의 맞은편에 누군가 다른 상대가 앉아 있다는 것이, 나의 사진을 기꺼이 찍어줄 사람들이 있다는 것이 이렇게 즐겁고 행복한 일일 것이라곤 상상도 하지 못했다. 나는 여전히 혼자 하는 여행이 좋다. 하지만 누군가와 함께 하는 것도 꽤 멋있는 일이다.

열심히 달리는 차 옆으로 푸른 초원과 동물들이 잔뜩 지나갔지만, 나는 이미 그 순간부터 여행의 마지막이 다가오고 있음을 실감하고 있었다. 유심을 갈아 끼워도 터지지 않던 LTE와 3G가 서서히 잡히더니, 잠시 잊고 살았던 한국의 소식들이 전달되기 시작했다. '띠링띠링' 휴대폰이 깜빡이고 그렇게 깜빡이는 횟수가 늘어날수록 나는 다시 한국과 가까워지기 시작했다.

곧이어 도착지였다. 여행사 사무실에 내려서 짐을 정리하고, 간단하게 기념품을 구입한 후 바로 공항으로 향했다. 일행들과 눈물의 이별을 막 하고 온 참이었다. 준비한 선물을 가이드 언니와 기사님께 전달하고 예쁜 꽃 두 송이를 포장해 깜짝 선물이랍시고 사무실에 놓고 왔다. 헤어짐이 아쉬워 출발하기 전부터 눈물바람이었다.

"언니, 저 꼭 다시 몽골 올게요."

"네. 꼭 다시 와요. 그때도 좋은 곳들 함께 가줄게요."

"진짜 꼭이에요, 꼭!"

언제 이렇게 정이 들었는지. 울다가, 웃다가, 아쉬운 이별의 말을 건네고 각자의 일정에 맞춰 흩어졌다. 열흘이라는 시간은 아쉬움만을 남길 정도로 짧은 기간이었으나, 처음 보는 사람들이 서로를 아끼게 되기엔 충분한 시간이었다. 그렇게 이별하는 우리의 앞으로 커다란 쌍무지개가 두둥실 떠올랐다가 사라졌다.

몽골로 올 때엔 두 시간이고 세 시간이고 지연되던 비행기가 오늘은 정시에 몽골을 떴다. 몽골의 비행기 안에 있는 한이 있다 하더라도 조금은 더 그곳에 머무르고 싶었는데, 시간이 되니 출발하겠다는 야속한 안내음성이 들린다. 창가 자리가 아니었던 탓에 바깥을 내다보지는 못했지만 점점 멀어지는 몽골의 모습이 머릿속에 그려지는 듯했다.

그렇게 세 시간을 날아, 드디어 한국. 새벽 한 시가 다 되어가는 늦은 밤, 나는 다시 한국으로 돌아왔다.

"언니, 저 꼭 다시 몽골 올게요."

안녕, 몽골

몽골 여행이 끝날 때쯤, 나는 조금 많이 아팠다. 어떤 비유적 의미라기보다는 정말 몸이 아팠다. 뒤늦게 물갈이를 하듯 속이 뒤집어지고 머리가 지끈거렸다. 멀미를 하는 것 같기도 하고 탈이 난 것 같기도 했다. 식은땀이 배어 나온 이마를 훔치고 공항 의자에 드러누웠다. 집으로 가는 버스는 다섯 시간을 더 기다려야 출발한다고 했다.

할 수 있는 것은 아무것도 없었기에 그저 인내하며 자리에서 버티다가 어느 순간 나도 모르게 잠에 빠져들었다. 어떤 꿈을 꾸었는지, 또 잠들기 전 어떤 생각을 했었는지는 기억나지 않는다. 다만, 아파서 끙끙 앓으며 선잠에 빠져들었던 그 순간에조차 몽골에서의 추억들을 떠올렸다는 사실만 어렴풋이 기억날 뿐이었다.

몸은 계속 아팠다. 몸살기와 함께 허벅지에, 종아리에, 팔뚝 여기저기에 언제 생겼는지 모를 시퍼런 멍을 훈장처럼 단 채 집으로 돌아왔다. 그렇게 시간이 지났다. 바로 얼마 전의 일이었음에도 불구하고 한여름 밤의 꿈을 꾼 것처럼 모든 것이 빠르게 흐려져 갔다. 그래서인지 더더욱 아쉬운 마음이 들어 그때의 것들을 악착같이 붙잡고 또 추억하곤 했다.

몸살기는 한참 전에 가셨고 그때 들었던 멍들도 빠져 제 색깔을 되찾은 지 오래인 지금에서야 허파 가득 들어찼던 몽골의 공기를 조금쯤 내보냈다. 나의 그리움은 메아리가 되어, 가장 찬란했던 그때로 다시 한번.

몽골의 비행기 안에 있는 한이 있다 하더라도
조금은 더 그곳에 머무르고 싶었는데,
시간이 되니 출발하겠다는 야속한 안내 음성이 들린다.

나의 그리움은 메아리가 되어.

가장 찬란했던 그때로 다시 한번.

사진 찍고 싶은 날

―――――――

눈물이 날 만큼 좋은 글을 쓰고 싶다고 생각한 적이 있었다. 한참을 그렇게 생각해오다가, 언젠가부터는 읽는 사람이 감정을 함께 토해낼 수 있는 글을 쓰고 싶다는 생각을 하게 되었다. 좋은 글을 쓰려면 어떻게 해야 할까 고민하다 보니 좋은 사진을 찍고 싶다는 생각이 들었다. 어떤 사진이 좋은 사진인지 모르겠다는 생각에 일단 보기에 예쁜 사진들을 골라 모방했다.

몽골에 갈 때에도 그랬다. 각종 SNS에 올라오는 몽골 사진들을 검색해 예뻐 보이는 사진들을 토대로 사진 촬영 계획서라는 것을 작성했다. 실제로 이대로 찍을 수 있을지, 없을지는 알 수 없었지만 작성하는 것만으로도 내 마음가짐엔 변화가 있을 것이라고 여겼다.

틀린 말은 아니었다. 어쨌거나 나는 사진을 찍으며 그 계획서를 떠올렸고, 종종 계획서에 그려둔 사진을 떠올리며 촬영을 했다. 그러나 계획서를 떠올리며 찍은 사진 중 '좋다'고 생각되는 사진은 단 한 장도 없었다.

집으로 돌아오는 비행기 안에서 나는 그 파일들을 다시 보며 조금은 실망했었다. 이럴 거면 그 계획서를 작성할 이유가 없지 않았느냐고 혼자 자책하기도 하며, 다음엔 이런 계획서 따윈 만들지 않겠노라고 생각했다.

그리고 집에 돌아와 사진을 다시 뒤적였을 때, 나는 깜짝 놀랄 수밖에 없었다.

의외로 많은 사진들이 계획서에 나오는 모습대로 촬영되어 있었다. 광활한 풍경 속에 자그마한 사람을 담은 사진이라거나 푸르공과 함께 찍은 사람의 모습 같은 것들이 유독 그랬다. 그런 사진들을 보며 가만히 생각하기를, 어쩌면 이 계획서는 예쁜 사진을 찍기 위해 작성했다기보다는 그저 내 상상 속의 몽골을 그려내기 위한 도구 정도가 아니었을까. 내가 상상으로만 그려오던 순간들이 눈앞에 재현될 때마다 나는 카메라를 들어 올렸을 것이고, 그렇게 찍혀진 사진들은 내가 계획서에 쏟아낸 몽골의 모습을 꼭 닮아 있었다.

　그래서 나는 다음 여행을 떠날 때에도 사진 촬영 계획서를 작성해 보기로 했다. 내 머릿속에 잔뜩 펼쳐진 상상 속의 여행지가 실제의 여행지와 얼마나 꼭 닮아 있었는지 파악해보기 위해서라도.

몽골의 비는 좋은 인연을 데리고 온다

초판 1쇄 인쇄 _ 2018년 8월 10일
초판 1쇄 발행 _ 2018년 8월 20일

지은이 _ 전은수

펴낸곳 _ 바이북스
펴낸이 _ 윤옥초
책임 편집 _ 김태윤
책임 디자인 _ 이민영

ISBN _ 979-11-5877-056-3 03910

등록 _ 2005. 7. 12 | 제 313-2005-000148호

서울시 영등포구 선유로49길 23 아이에스비즈타워2차 1005호
편집 02)333-0812 | 마케팅 02)333-9918 | 팩스 02)333-9960
이메일 postmaster@bybooks.co.kr
홈페이지 www.bybooks.co.kr

책값은 뒤표지에 있습니다.

책으로 아름다운 세상을 만듭니다. ─ 바이북스